最新發現：

傅山致戴廷栻 魏一鰲手札

尹協理 主編

山西出版傳媒集團

山西人民出版社

圖書在版編目（CIP）數據

最新發現：傅山致戴廷栻魏一鰲手札／尹協理主編．—太原：山西人民出版社，2015.4
ISBN 978-7-203-08838-7

Ⅰ．①最… Ⅱ．①尹… Ⅲ．①傅山（1607~1684）–書信集
Ⅳ．① K 825.72

中國版本圖書館 CIP 數據核字（2014）第 265714 號

最新發現：傅山致戴廷栻魏一鰲手札

主　　編：	尹協理
責任編輯：	張文穎　馮靈芝
裝幀設計：	謝　成
出 版 者：	山西出版傳媒集團·山西人民出版社
地　　址：	太原市建設南路 21 號
郵　　編：	030012
發行營銷：	0351－4922220　4955996　4955039
	0351－4922127（傳真）　4955038（郵購）
E－mail：	sxskcb@163.com　發行部
	sxskcb@126.com　總編室
網　　址：	www.sxskcb.com
經 銷 者：	山西出版傳媒集團·山西人民出版社
承 印 廠：	山西出版傳媒集團·山西新華印業有限公司
開　　本：	787mm×1092mm　　1/8
印　　張：	23.5
字　　數：	50 千字
印　　數：	1－2 000 冊
版　　次：	2015 年 4 月第 1 版
印　　次：	2015 年 4 月第 1 次印刷
書　　號：	ISBN 978－7－203－08838－7
定　　價：	180.00 元

如有印裝質量問題請與本社聯系調換

前言

傅山（一六〇七—一六八四年），字青主，號朱衣道人、松僑老人、僑黃人等，是明末清初著名的學者、思想家、書畫家，在衆多領域都有傑出的貢獻。其著作手稿散見於全國各地，其中一部分還流傳到了我國香港、臺灣及美國、日本等地。

我社在增補、修訂傅山全書的過程中，得知上海圖書館藏有部分傅山手稿，並且未被任何人查閱過，更談不上被學者們研究利用了。爲了盡快得到這批珍貴的手稿，我社立即派專人前往上海。在上海圖書館歷史文獻室領導和專家的大力支持下，終於在該館所藏的明清名人尺牘、傅山真蹟和國朝名賢手札（第二册）中找到了一百三十四頁傅山手稿，同時還發現了一卷傅山草書陳謐（字右玄）的秋詩三十首手卷，十分精美。經傅山研究專家鑒定，全部爲傅山真蹟無疑。

我社在上海圖書館發現的這批傅山手札，前兩部份主要是傅山給好友、北方名人戴廷栻（字楓仲）的書信，後一部份是傅山給好友、時任山西布政司經歷、其後任忻州知州的魏一鰲的手札。在這些尺牘中，保存了許多極爲重要的資料，如傅山對戴廷栻做人、做事和著述的鼓勵等，進一步展現了傅山與戴廷栻的密切關係；過去我們祇知道傅山出獄的時間大約在清順治十二年（一六五五年）七月，傅山致魏一鰲的尺牘中，則明確指出是該年的七月二十二日；從尺牘中還得知，傅山與魏一鰲有更多的交往等等。這些資料對於有關傅山的研究是十分寶貴的。在書法藝術上，這批手稿也提供了傅山關於「作字惟是偶然，欲書時，其妙不可思議」的感慨和傅山十分喜愛的「不真不草、不篆不隸」亦真亦草、亦篆亦隸」的書法特點的例證，如二十八歲時書寫的秋海棠小賦（這是首次發現傅山在明亡前的書法真蹟）、後來的「黑崖壓紅樓」等，都具有很高的藝術價值。而傅山草書陳謐的秋詩三十首手卷，更是十分難得的書法精品。

我社在上海圖書館發現這批傅山手稿之後，又去浙江寧波天一閣，將那裏收藏的傅山對石鼓文的校釋全文拍回照片。文中，傅山利用多種版本，對石鼓文的文字、讀音和字義，進行了詳細辨析，並提出了自己的看法，是研究石鼓文的重要資料，而且也是傅山小楷作品中的精品。

爲了讓讀者盡快見到這些最新發現的傅山手稿，我社决定將上海圖書館所藏傅山手稿全文和天一閣所藏傅山對石鼓文的校釋一併影印出版。爲了方便讀者了解文意，我們在書後附錄了全部釋文，並加上了標點。由於我們水平所限，且傅山的字不易辨認，因而釋文和標點難免有誤，還請方家不吝教正。石鼓文由於殘缺較多，標點實有困難，本書的標點祇能供讀者參考，有誤讀之處，亦請指正。

在本書所收傅山手稿搜尋、查閱和拍攝過程中，我們得到了上海圖書館歷史文獻室主任黃顯功先生、副主任陳建華先生和專家梁穎先生以及寧波天一閣劉曉峰先生等領導和有關人員的大力支持和幫助，在此一併向他們表示衷心的感謝！

山西人民出版社
二〇一二年十二月

目録

傅山致戴廷栻手札（之一） …… 〇〇一

傅山致戴廷栻手札（之二） …… 〇三七

傅山致魏一鰲手札 …… 〇八九

傅山書陳右玄秋詩（長卷） …… 一二九

石鼓文校釋 …… 一四五

傅山墨蹟釋文 …… 一五七

傅山致戴廷栻手札（之一）

草草临此時而許萄侑入作手袁
六什山右有戴鳌仲萄勤鴞揩之
石戴鳌仲兄托市壓硯墨鏡侑台
信老往安定岢壺走开甬侑
洵夕夕人麈侑止此南士馬衛趣沘人知
俟另西兰兄侯兩韻土乂子董邗字

尊候書為祝之矣三四日
倩海堂見嘴兽㱆酌未言䏻言
言及之了言情乃知兽酌大言竝
一睡澄在㙯惜寄不得思南風歌
载仰悵句眽之可能蓝字當大笑
　　　修䓕山

伻還忽草後數字筆小兒之題
敬所
節得江徐事故不在一時繕寫未能足弟
並不記當先寫何兒詩數幸持上其賦
六智實頗逸出三日內當未辦耳此字藏
珠潜小賦五十三字即所書者小楊寄聲
嘽僧孤對人出在何日知此字者此一種
且正之須生塵而鉛中多少浮萍萍之文字

先生下問如子若無不許聞之矣耳目
之好筆深思三者法韻論脈納及字畫
執筆不多些字先兆
玉顏六字以漢刻并篆隸勢法
諸未失故可望之商定之而行不悞
於信仇
當以無号罷以他字代補空無傍雜字
之可從晤即用本字實而不俗不如著意琢
磨字待晤下晤又多用一年只不有蠹處之志耳
等如補下良好 第山拜手

邀喜數三未展豪末盡盧也地三日前五竹已有
力邀出画料修一画和公俗藝畔傳侍之戎未即
乃達邪弟日涇急來即感舊意亲有笑譜
乃謂娟廢之言自由田婷于以為芬甘草俊金而
此甲之証西沿之晉即去之東垣何間以之去如乞
何矣第八物朋借安梅梻仰字松技墨人以未
造话當大糟追讀書誠力宝者以忧日齐
譽欹扯此清謄今前多為有此諮詢便中尚之想
金玉以之 治侍一字墓妤
椒卿仁文之

弟崎日格

傅山致戴廷栻手札（之一）

楓兄數、顧我獄祠心言綻孽私覺
靈光又加拂拭於半年前矣三目刮目之言
梱仲真是當之見仲疾惡之嚴樂善之
誠賦諸天者獨厚最宜自愛自敳不可
稍、涉於俗學柳河東說其中方圓內
外之辨甚有益於學問山嘗誦詩如鳶
飛戾天魚躍於淵豈弟君子遐不作人
之言古人胸襟空濶陶鎔萬物何高厚
也學士安用屑、較量人物於人何所不容
老子曰善人者惡人之師不善人者善人之
　　　　不善

資吾師吾師鼽謂為刻薄之學術哉故
對俗人則學問氣佳矣若對大賢則學
問氣又俗矣人當少時不能有得而不挾漸
長漸化向所挾皆不長俊局量久而日虛君
子虛受聖人于咸為以之咸感人之義而分云
受何也能受斯能感其妙在無心之感
即不能感蓋臨故也山愛仲敬仲苦口于
仲請當思太鳥魚之虛受之象數年後
自楓兄處陶得兄人為善士補造物之
德醫風俗之頹非僅一文章士相期
也偶得此箋為仲作楷不敢寫空言爾山

戴仲不可及實之發要言自
至不識好字諸生之二十年家世榮
科名一般彈精研少知手筆
歸都浩氣偏環顧瞬餘邑獨
胸高如天既又知古文著眼一荊
川子進有唐宋大家何多焉
刀始心懂眼落汗如泉況及史
漢書班馬日星熟左國邁憤
典二眼當日俱一於之三十七时之

蛙老頗喜文滿人腹只我儕
稍能以詩無朋叟猶字蝸三椒
豈豈老此懶三尋蟹瞀偃仰
不自了敢坐經旬邊內之俯
首此去誰秋腫粉後匀遠枝
老歌敢逆真鞭不向人語破
沙鍋千笑告去胡名成畏見難
日月邊之人移色矣書子之
勝睾
　山居者

作寧唯是偶然欲書時其妙不可思議近來得一再薑壱艸淺歒肥手柔弓燥之意燕悉生帝一張勸書統年許矣閭壁間忽憶康樂擬鮑集詩小序奇儁不可言輒取試書之遂能於其體不真不艸不篆不隸之真不艸不篆不隸寫畢自覽之亦莫測其結構運轉之妙其時積雨連日絕人事應答靜注南華之況不可解者三四段頗謂得之

玄之而未得之意而癖之起即芒芇蕉知寫字之造適于漆園老傖也近朣日老一百欲稱尚能搖頭之轉也而以書瀋寫六經補歐陽率更楷書之弊浸上擬中卽而無法財佐道憑肴其志耳中卽蹟之品有道碑在西時簡便有違說文黃初假鍾諸碑於是觀也

山

黑崖骨紅樓崖威稜
亦儻偏得木心瘤狐烟
居鐵村譎樹筍古虬直矗
過虁夔莫擋靁霆窣伏仙
苓深根度玄鑪站
青峰攢眉浮蒸上畫
罘罳獵師坏礼祚
埽苔溥
　　僑黃人山

大鹵役具士權之安所得好學廣思之士如邱仲者邾丰安童之灣以史學見語以皆唐宋大平館舘所不敢任此其才花償焉敢妄譚惜昔濬忠山寺時曾取歷民戴記者二百諸傳而刪之補之細為參拜成性堂之書四十卷自謂古今不可世之一編寧遺無據高計半好徑

毋僮遠雲高石可憶其間有本生
三子僮年八歲未朝曲旁傍侯堵臣
日多不悮每一揮筆而自審性情
未移毋女偏奇即為無情論書人
字中斤兩兩舌奪志克過當必是
自悟悮年世然滌落傳之山筆
如此數甲申立多以為成不堪備事
以視君子之来不来毋老披傳評量
以禮仰曰敢衰飾偏甲多慣率
未敢日兩膧膧顏儁釩忝不可讀及

置之务驰骋之辔悟水浇背痛当
如三弓搅伊有些大志空当写于闻见
处是而记述不方详委至于吉事尚
当于虫鹰而不颊许颓老七二冊既
之又揖前望工六臣独立言义甚好
而举力大瞎迁守参雜死雨搅于
生彦草弟泠俞皇且俦且知
何以罢于致事诸人以其中枢杼
自尝蜀时似向浓博若写者而匹

紉勒撑春妣卿不隆ら笑大可異
矣庶怕皖筆刪正之不知致成就
又久也大都史學舊這編三長而學ら忽
悖有識者來必有才方今之人徒之
胠蓋浧子一百信齡于識也紫陽
綱目之望春妣後一百又中元經
不敢ら之范滴主于且二行批别瑛
細見諸論若者以呆春妣謹郎
古而室睳卯嚨今夕些小字為甚度

生兴西反後一帅羊侄重经舊邑
当等恒用唯等三多而孙乃何
時停鄒待我照聲欲第於三抠
仲一經顧如抚诗皆谁口浪情
学家著诗人之乞于随甲者經
羊能底空僧賴趙叠程
佳贶曰以酬傳三佳点畢每
報鳴河子孫祉呈金伐何读
其石付与弟弓不知如等邪故

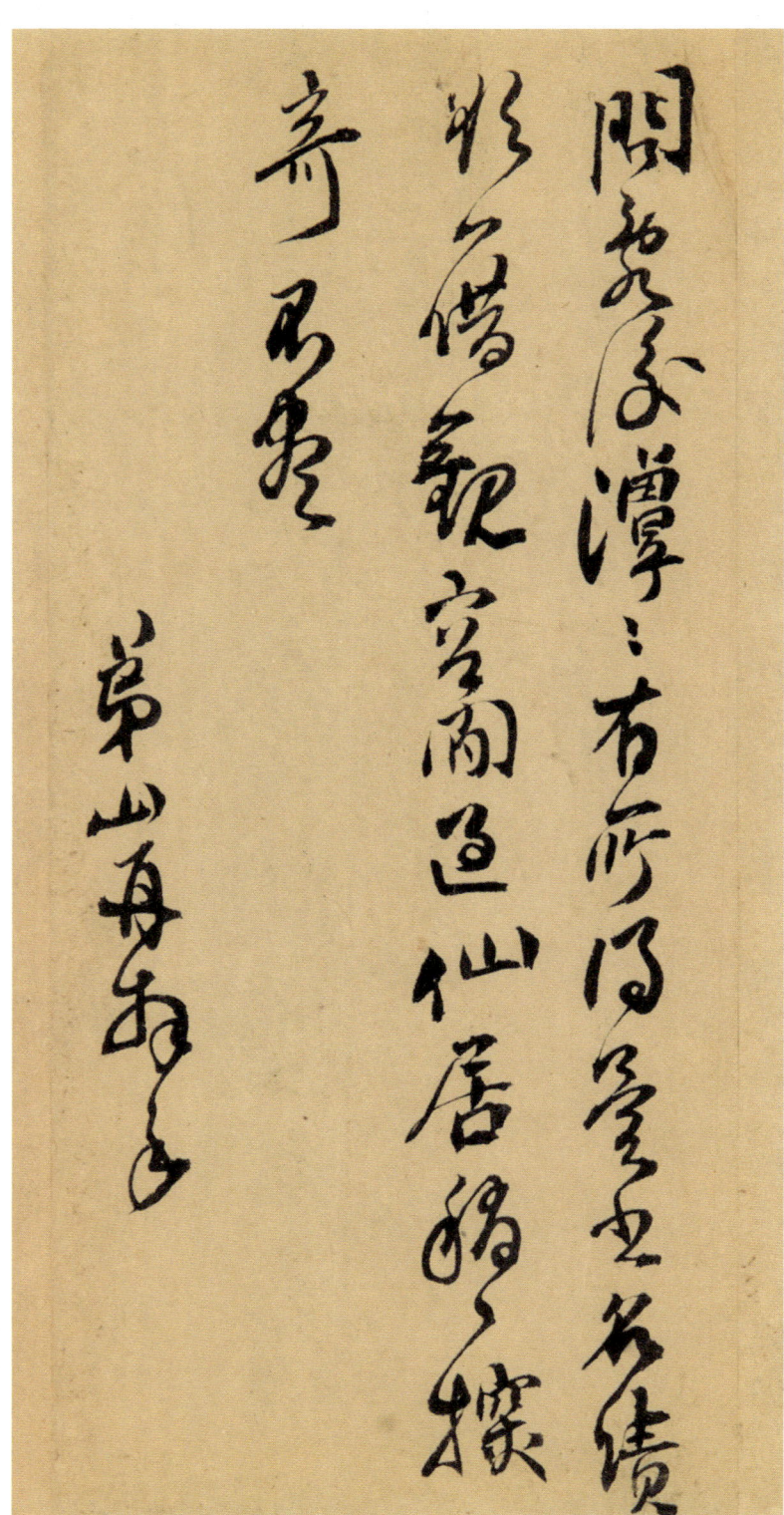

病来百怖日潜损自知长信之期不远徙昔先溝望之盧實以先慈在堂而今人子之盧書豈可譜俗緣又复无墨何仁兄乞始以此尺向鄗崛闾绐若嵒綠空易若停仁兄内郦公子山之矢顓日夕圖此正矼朝闻夕死四字眉唐山之蓋莣其將若能平耳不即死正須以此幽黎亭賢年若向曾丙而偏

言而戏耶言則有戾乎如挞诗必獭诸体皆具生平薄吾草在石乏岩也会朋只缝句有句存等令晛肩面告言畫槐仁兄
石菴山鑱乡幼书

青羊菴四詠

菴蒼鬱華一菴孤峯上復瞰雲門
定自晨旭星斗平原日村事一
艷青獨松柏紫圍深不盡山海

幻有空舍香此村塢唐不見上
神響深松罏短阪圍半賞
谷石松秀細鱔睚起煎逕佳
弄東雪紫佳峯雨
深閒秀輝菴枝藤啟后虎嘆雪
圖正菴蒿香會陰醒霽衛

皎吞秋棠臨沁眸瞳影次芳鏡碧漪兮
雲紅細鳳答艷臨月贈濃口赫鏡之金菱
笙飛燕乎珠宮兮嬌兮姊同稱羨志鷹運暮之
言知逞芳容于桃李遺妹妹兮石未枕簟凉
兮旬矢霜气示兮強妍雁南復芳淚紫
雖蜆雨帶兮運雲服裳翠葉骨成兮娟
憐你于玉林實兮暈芳精醉妮貓曉兮
辭香不堪見老菊芳生雜蒼蠶肫顏
景兮揚妍色之秋臆

甲戌秋
碧海棠一睇勝腸
初作
山

延岑檬藍田玉歆檬下郿芋丹檬新豐蔣震檬霸陵張
邯檬長安公孫守檬長陵楊周檬谷口呂鮪檬陳倉角閎
檬汧駱蓋延檬盩厔任良檬鄠汝章檬槐里各稱將軍擁
兵多者萬餘少者數千人轉相攻擊異且戰且行屯軍上林苑中
延岑既破赤眉自稱武安王拜置牧守歆檬關中引張邯任良共
攻異、擊破之斬首千餘級諸營保守附岑者皆來降歸異岑

走攻析㾕遣復漢將軍鄧曄輔漢將軍于匡要擊岑大破之降其將蘇臣等八千餘人岑遂自武關走南陽時百姓饑餓人相食黃金一斤易豆五升道路斷隔委輸不至軍士悉以果實為糧召拜南陽趙匡為右扶風將兵助異并送縑穀軍中皆稱萬歲異兵食漸盛可稍誅擊豪傑不從令者襃賞降附有功勞者悉遣其渠帥詣京師散其衆歸本業威行關中唯呂鮪張邯蔣

囂遣使降蜀其餘悉平明年公孫述遣將程焉將數萬人
就呂鮪出屯陳倉異與趙匡迎擊大破之馬退走漢川異追戰
於箕谷復破之還擊破呂鮪營保降者甚眾其後蜀復數遣
將開出異輒摧挫之懷來百姓申理枉結出入三歲上林成都
當時長安左近數百里中屯櫟十二家老馮可能鎮靖上林苑三年
無他敗散可謂能矣而即有專制關中之言難乎哉

左氏傳 快子鄭游販將歸晉未出竟遭逆妻者奪之以館于邑丁巳其夫攻子明殺之以其妻行于展瘉良而立大叔曰國卿君之貳也民之主也不可以苟請舍于明之類求亡妻者使復其所使游民勿怨曰無昭惡也
如此無理之物其夫惟殺之快子展又不以國罰殺之使復其所豈可若腐奴又不知有多少謗讟譏訕乎

傅山致戴廷栻手札（之一）

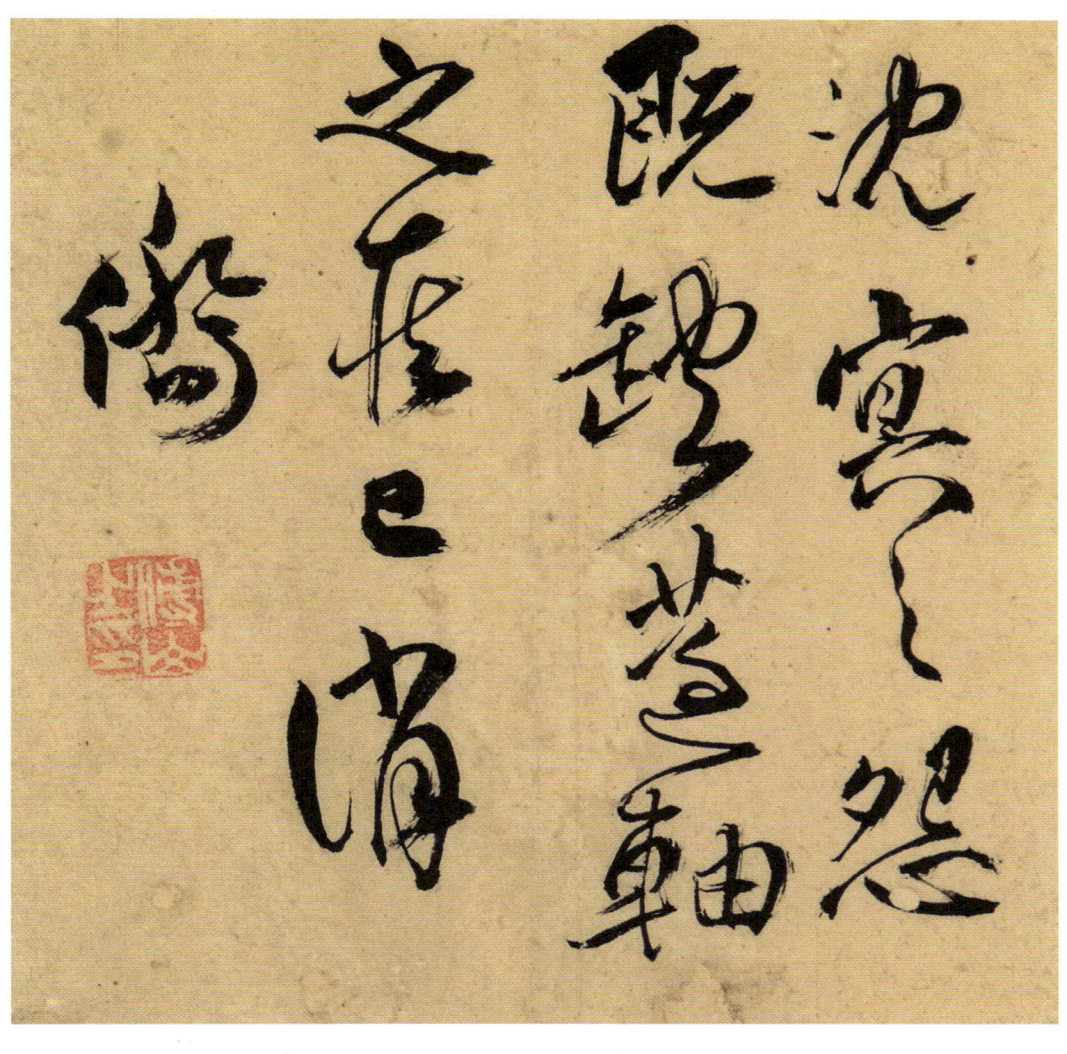

古文周書曰周穆王姜后晝寢而孕越姬竊而育之豔以玄鳥二七塗以鵽血寘諸姜后遂以告王王恐發書而占之曰蜉蝣之羽飛集千戶鴻之戾止弟弗克理重靈降誅尚復其所聞左史氏史豹曰鷞飛集戶是曰失所惟彼小人弗克以育君子史良曰是謂闕親將留其身歸于母氏而後獲寧冊而藏之殿休將振王與令尹冊而藏之于櫝居三月越姬死七日而復言其情曰先君怨予甚曰尔夷隸也胡竊君之子不歸母氏將寘而大戮父王子于治不知古文周書為何書奇修詞隱奧可喜如此 有此舊紙一片不忍徒污敬抄此一段 文選恩玄賦子有故于玄鳥芳歸母氏而後寧注不知為誰注者 後漢書注注冊此 闕親二字不解尋意繹之猶竊也

課隸人伯夷辛秀信行等入谷斬陰尢人曰四根笴止維條伊枚正直健然晨征暮返委積庭內我有藩籬是缺是補載截篠蕩爰栻枚(伊伏支)持則旅次于小安山有虎知禁若恃爪牙之利必

昏黑撐突夔人屋壁列樹白菊鏒為牆實竹示式過為與虎近混淪乎無良賓客憂害馬之徒苟活為幸可嘿息矣作詩示宗武讀 山最好讀 杜公詩題皆世問不可再有之文不可思議但有神領

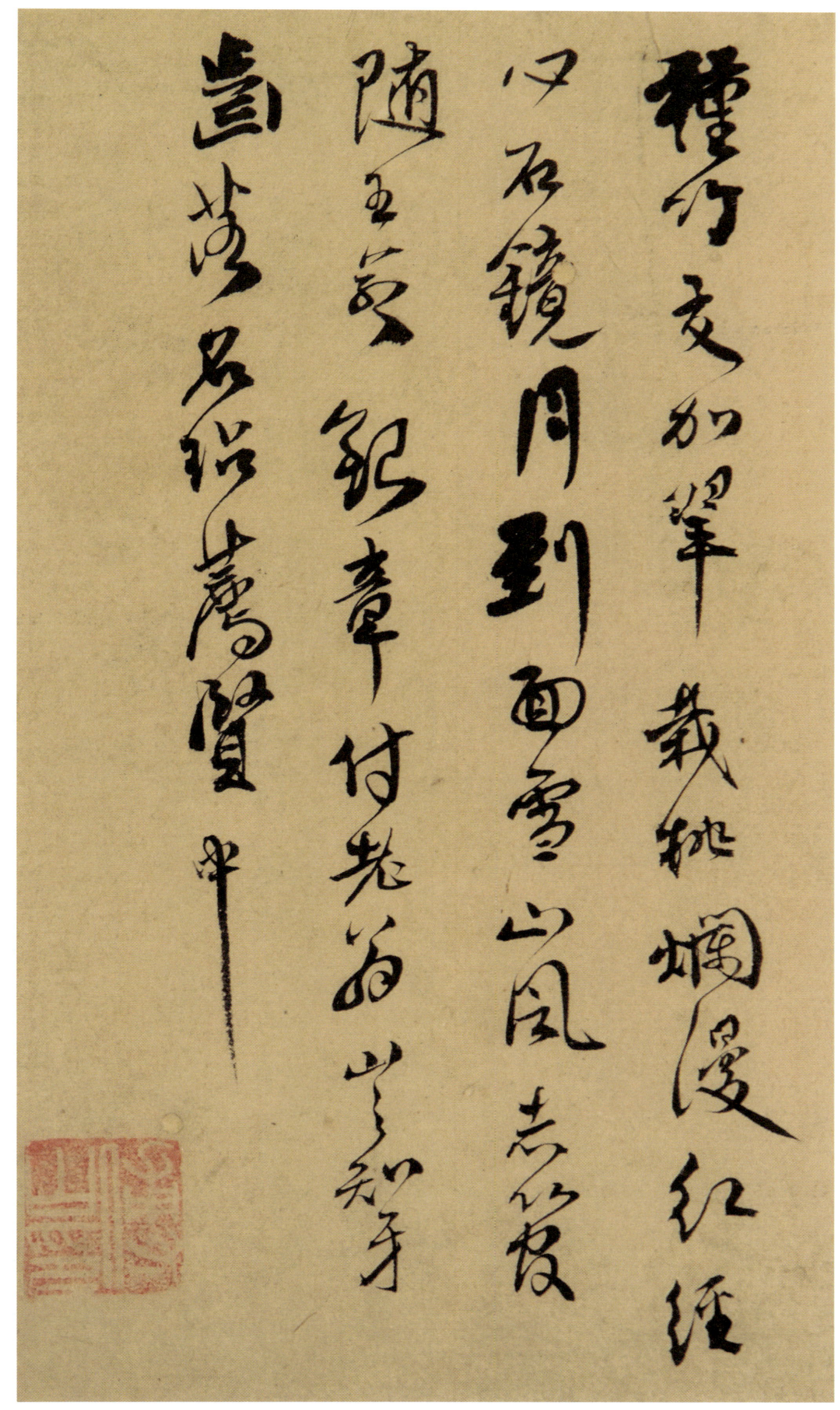

農務村々急春流山岸涼乾坤萬里眼時窮百年心芳辰遠懷賦桃源自可尋難跟時壬辛飄泊到此細讀祇覺自然之妙堆城俗作之人猫猩其陵直

鄭南伏毒寺瀟洒到江心石影涵珠閣泉聲帶玉琴風彩曾曙倚雲嶠憶春臨萬里滄滄水龍蛇只自溪 題憶鄭南玭 又云是玭又云本無玭字但憶鄭南了

宋人一了便倒西程之瀾永至噴用長篇
棘枇杷狻猊兒魏鶴十二毫
擎瀣綺柚
玉乃楮素

傅山致戴廷栻手札（之二）

瑤華耳
枉三年不報依
知已敢尔鲁莽右臂痛風已能握
不律者年半矣勉一握三腕隨
肩動輒復跌撲敗简今秋稍

可十月間曾屬
貴年友杜子老一箋寄參不知
達否 昭餘感仲傅
文旌暫過平水百餘里間五得一瞻
芝宇矣、若果尚當平水少煥當

圂睡對不奉
雅誨足復四年前遂有添得中
甜籤百篇之句蓋因近作者儘有
篇章違心賣弄攬之歉歉不知
作者之甜也否而攬者之甜閣己來

此道何等性矜事不得與三二真
正不膜心人相視一笑略言
道情寧勞寐寤非復常言卿此老夫
奥居不盡

真山頓首 慎

文章小技 已覺精功 而吾弟兄如此 昌黎毫不
騙人 韓多 聞之 視弟如子脉之矣 以後相屬寫韓文
不過舉其不者 若一 左圖右傳 亦集苦 兩權之
剛手服久 真苦有在甚矣 伽徑艱難變化之思
而極之 正經 歲月如是
兄亦之 始詩文叔 送大兄 試夢 介拍已 民在时流耳

傅山致戴廷栻手札（之二）

詩歸再鈔便派于唐詩起見何于選詩歸者起見笑石必極不必極而曇發揮出手眼上之手眼乃石兩此一書乃若爾乃之辯草是尋著與人怕說不若不自呈得他論達上閒生畫于行必鈔但此書行之泛之海內不寫眾美安有譁評而鍾譚不得

而不鍾譚不得慎哉、真正个中人慧眼平心可與何李王李鍾譚共坐靈之上公公當當做一樹蕙調御師念多家偏價齋放下乃得不然任他辨才總是偏見作者有心看者有心作者有時看者有時愛何易畫論何勝朥

兩病便欲無巳苦憊交至每日早
至午尚以午後至半夜則怨之不敵
如在風雨中夢寐睡思不敵飢不敵
飽不敵雜叫不敵驕告巳眼花
如在雲霧中勿強讀書三兩行
蚯蚓半閑半眩兩腿痛不能忍時之難
借眼鏡之逸我以苦先生足巳

見教以死四字領教矣但不知
弟達何如此等當以
於兄說之甚望可負重多時沒
教兄且木樨遠至索面吃
今實下上書腸諸
下痛不能便外時饋持反侧
竹桃老趣沁泓要君附白

傅山致戴廷栻 魏一鰲手札

傅山致戴廷栻手札（之二）○四九

廿六日 怎叓 有信至 亥初二日臨
褆翁有覆擡之役 怎叓偕雨
燕廿七午後遣迎速往鴈門
以等名及約 怎叓
比筆来見傍方塞之得五音方

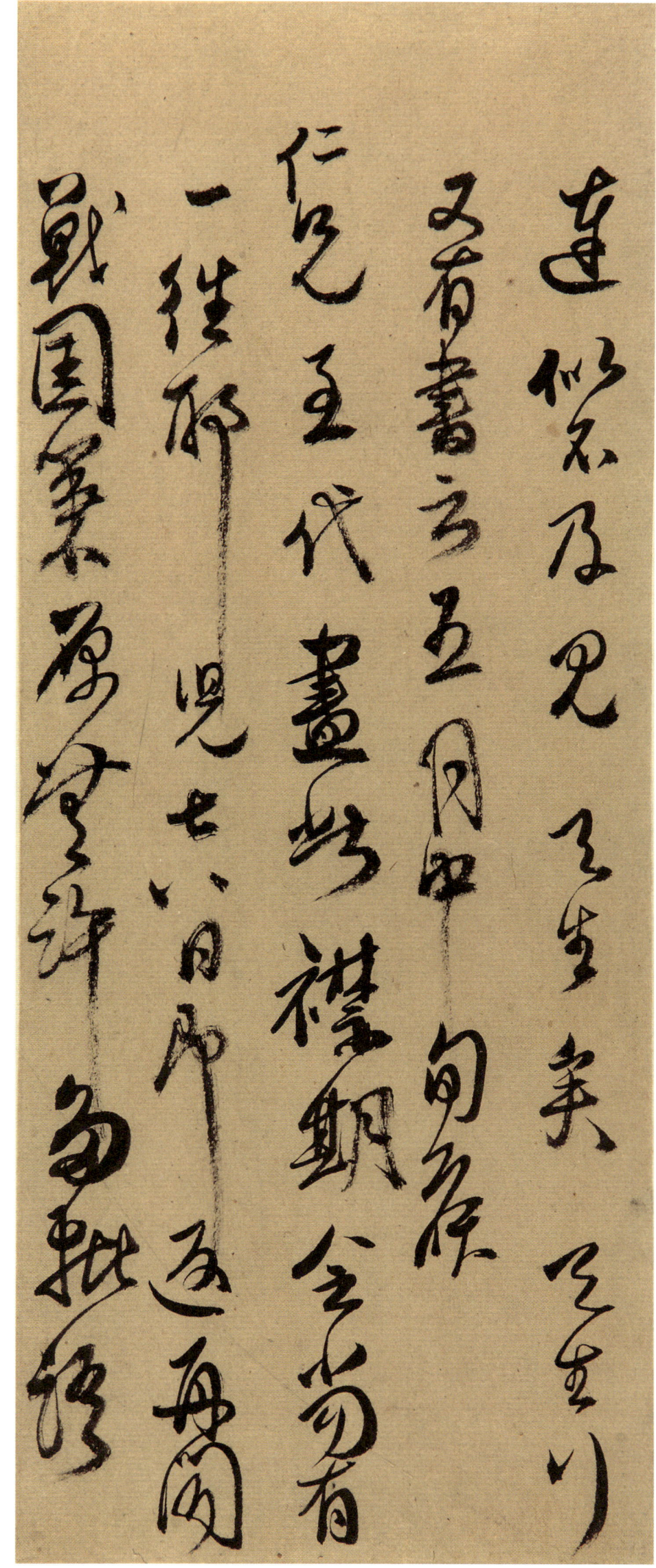

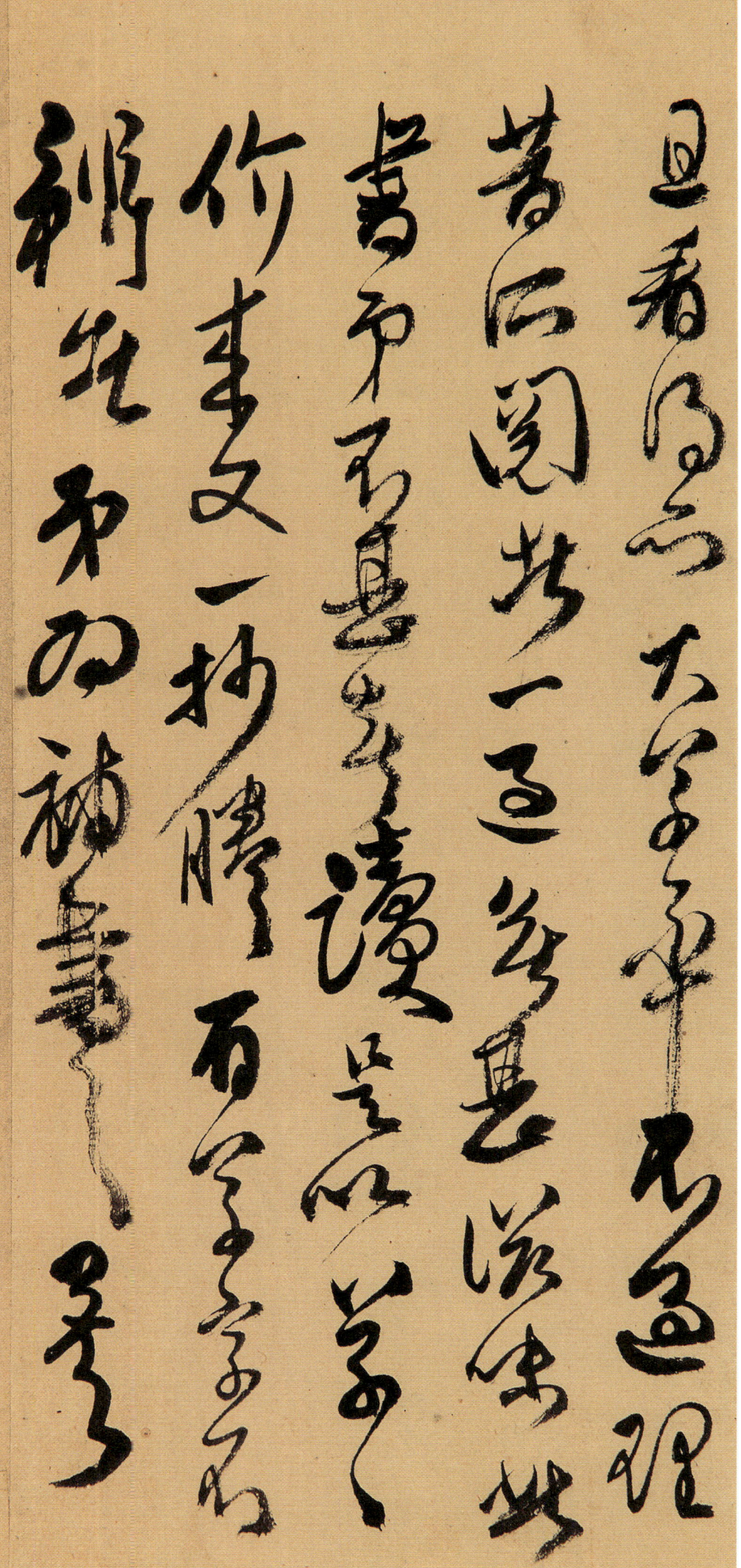

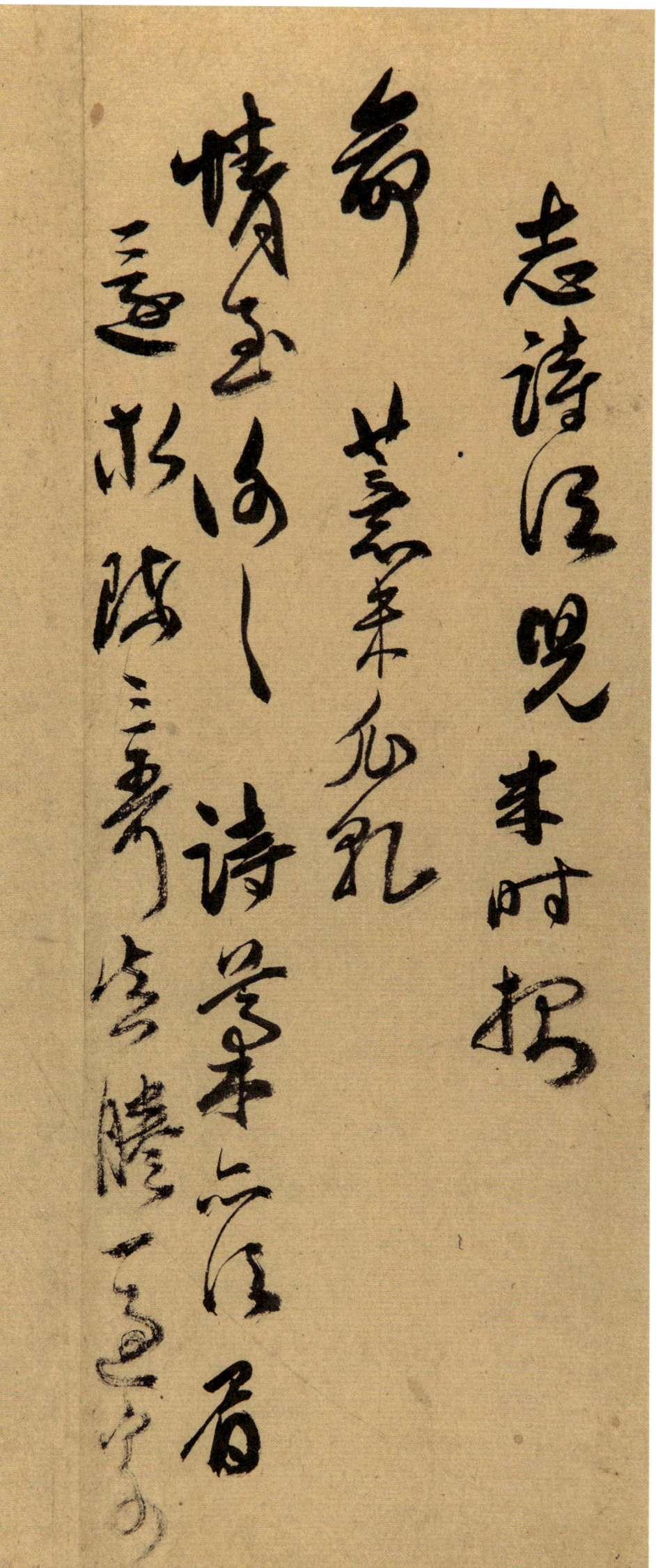

上浮沱拾兩便事此中一所胼並葬於枇禍極仁兄雨山并書

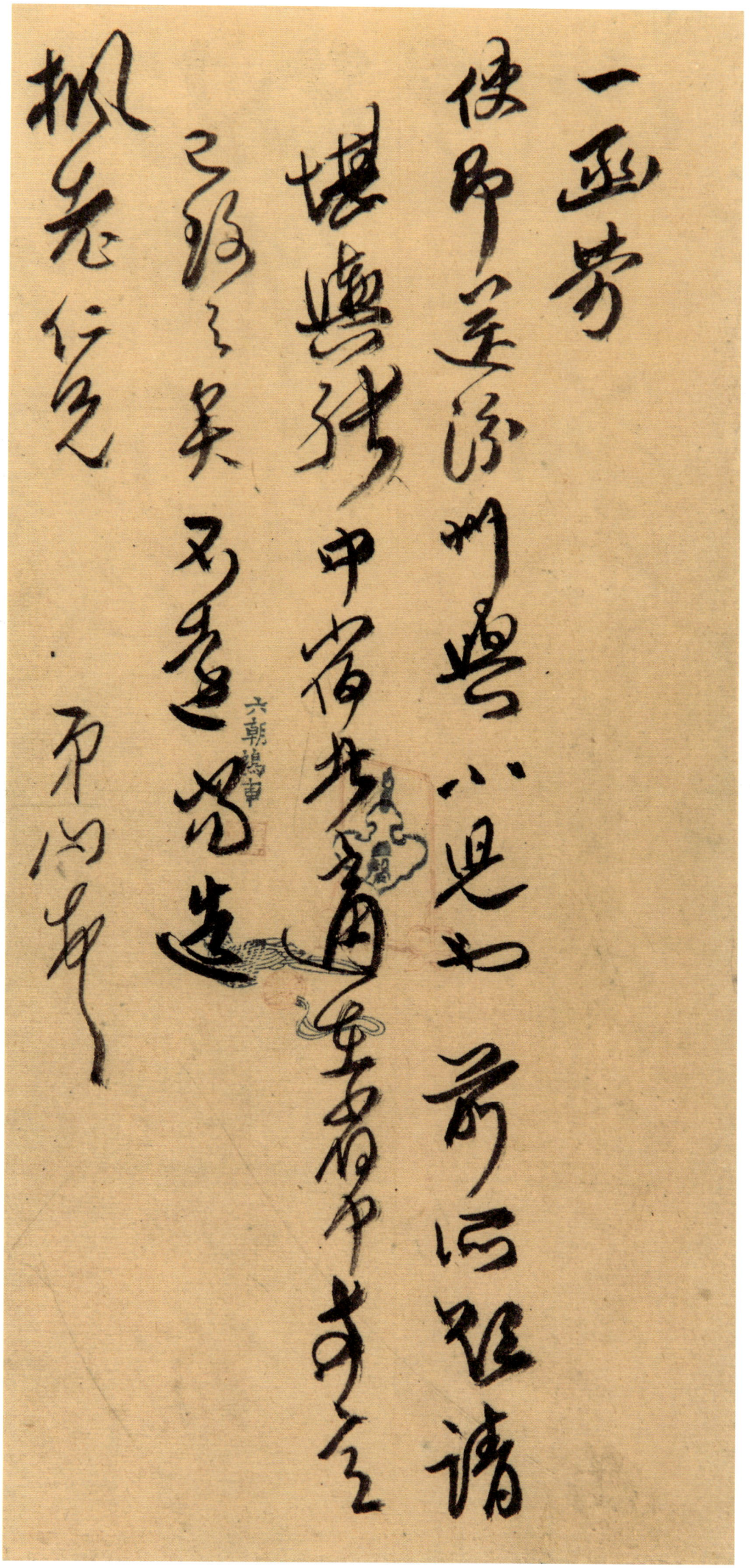

最新發現 傅山致戴廷栻 魏一鰲手札 〇五六

傅山致戴廷栻手札（之二）

劉石老遠念孫引雨儓入粵西須
枫兄話周別矣兩瞻一字懶々切々
姑得義力否
久一字到彼雨老啇不得
鑵老柢家时可向楊義村再來一

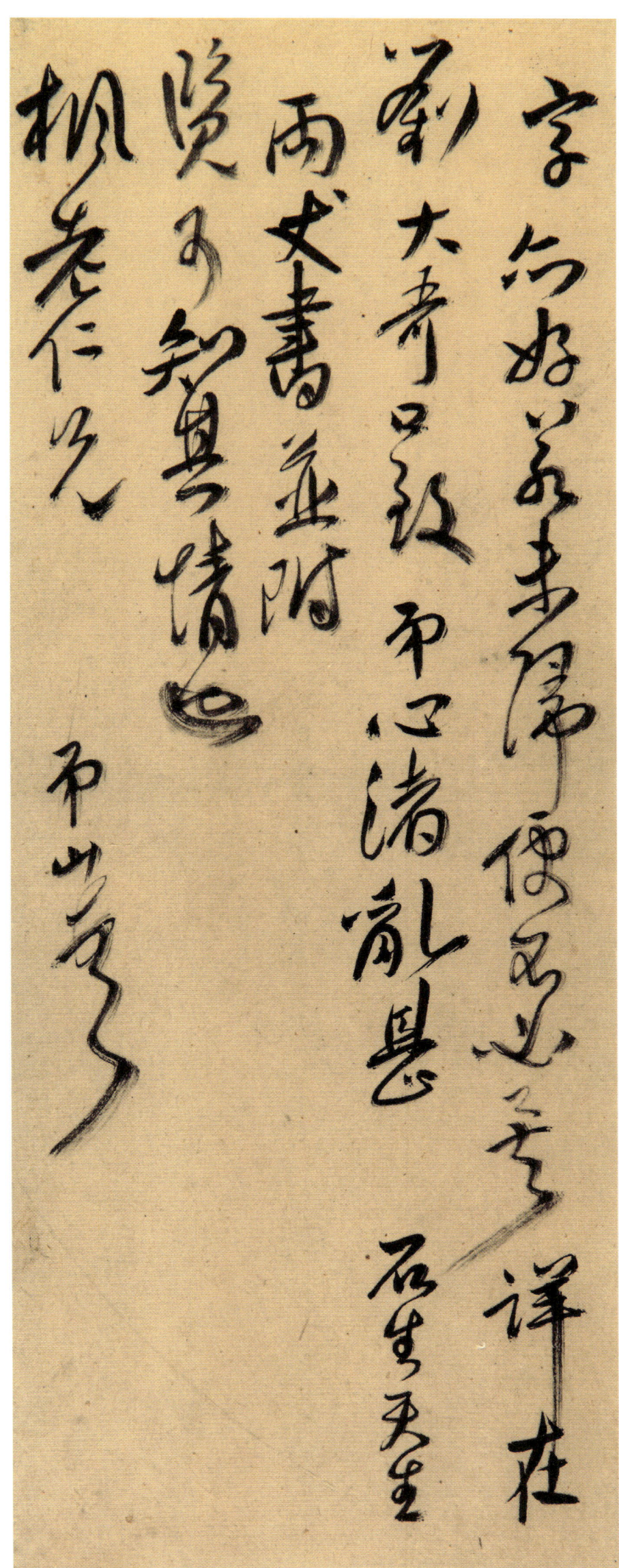

啟公兄公垂示在將症以道有今日半日停
明早日必減完送葬了哥兒必始
惟此當內者三日當哥兒初
書寄回居公乞諒造访心多生日便云云

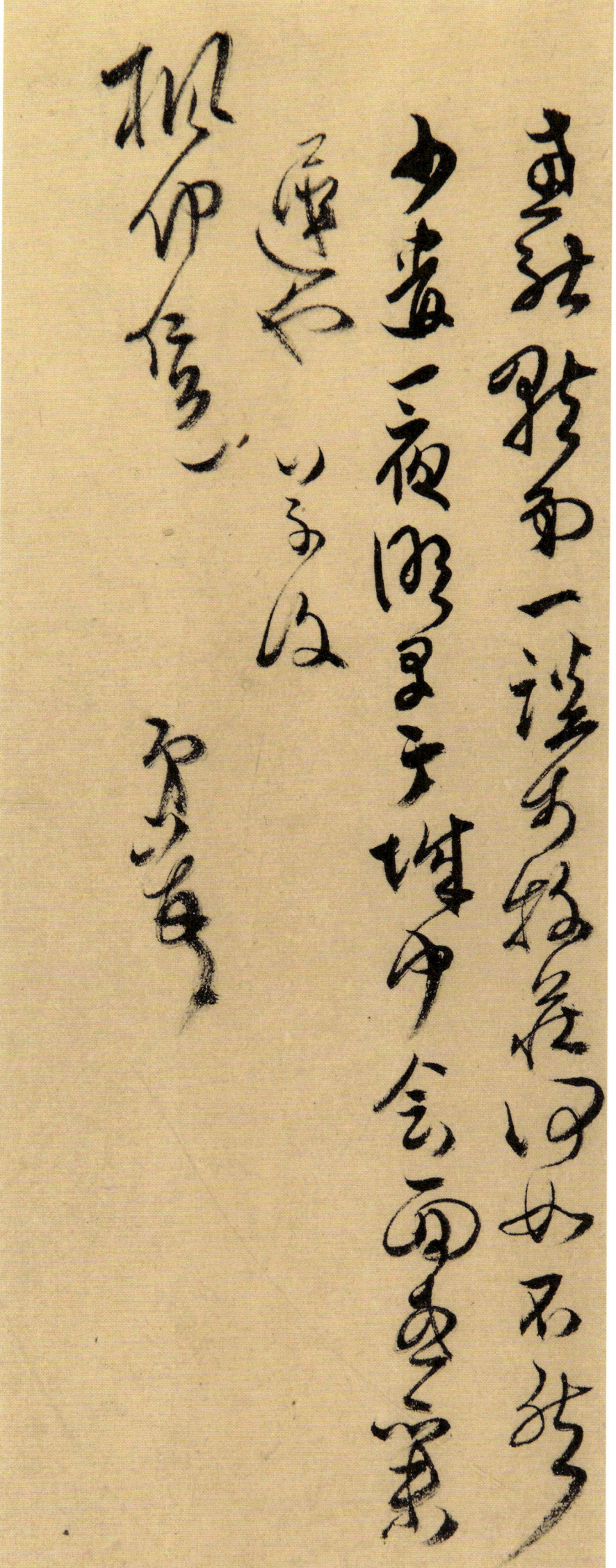

扣作画一幅金箋當時十幅尚有龍大字四幅
粗紙佳紙向絕之並付
伻玉記堂雲起之傳家已有此帖時不敢容伊
務緩緩不得小心留意者此筆亦復深秋演贈
不此等字聊盡
兄向日高晴之誼
兄的上两蜀予看連
為烟孛问尔瀍谤

傅山致戴廷栻手札（之二）

昨在陽城村見平遙宋二殷云虎須一年長一萱近打虎數其須則一百三十五萱脥則些虎仙笑脥與否與許惠帚須之萱桃

乎也

雖云常謝衾太寂不思人間四句自然好詩了
性開階滿秋
聲半夜真覺連鄉夢了坐虚齋酒寒
頻如此毒、柏微宣好好賓
且莫説七言律雜以周到乃五言律八句中那得句
交人待看也但是一氣呼來連停不輟者便不喜不必曾

杜诗越看越轻弄手眼已习不肯使八算只
经岁如之人评论者岂当图作上正远及归
恺圭用笔颇简写十百迮不可言以迟
年岂竟耐已想加之者乃日段又受失言往往
如无見层定因如李波
傅山书

开春手已瘳 然之属 极視于书房 却不踰
户欲悟初開
又有出門之意之 似當果若尚編 尚走山中当居
枕破眠三十山水間知閒日 傅山

太史先生 此書節目甚悉
兄于小弟一程足下所道及且當甲午待
足下回集而烟
足下南云寔慶楷子輩尚即未云立康寧
回等劣遽意用邑壁壁如數補還康
覺面陳也 不山生

前字到会有便即力疾一徃不知其所以诸事
乃尚子思以示新䍐及亲书当一至坐上知
而但咽足多
先生手写譬自脽之夜改悦議以必當爲
誰所强其手云诗多刀能排辞圣睡存之
屇又如此色欢此甚好有用之
多坚而得多之亲山写

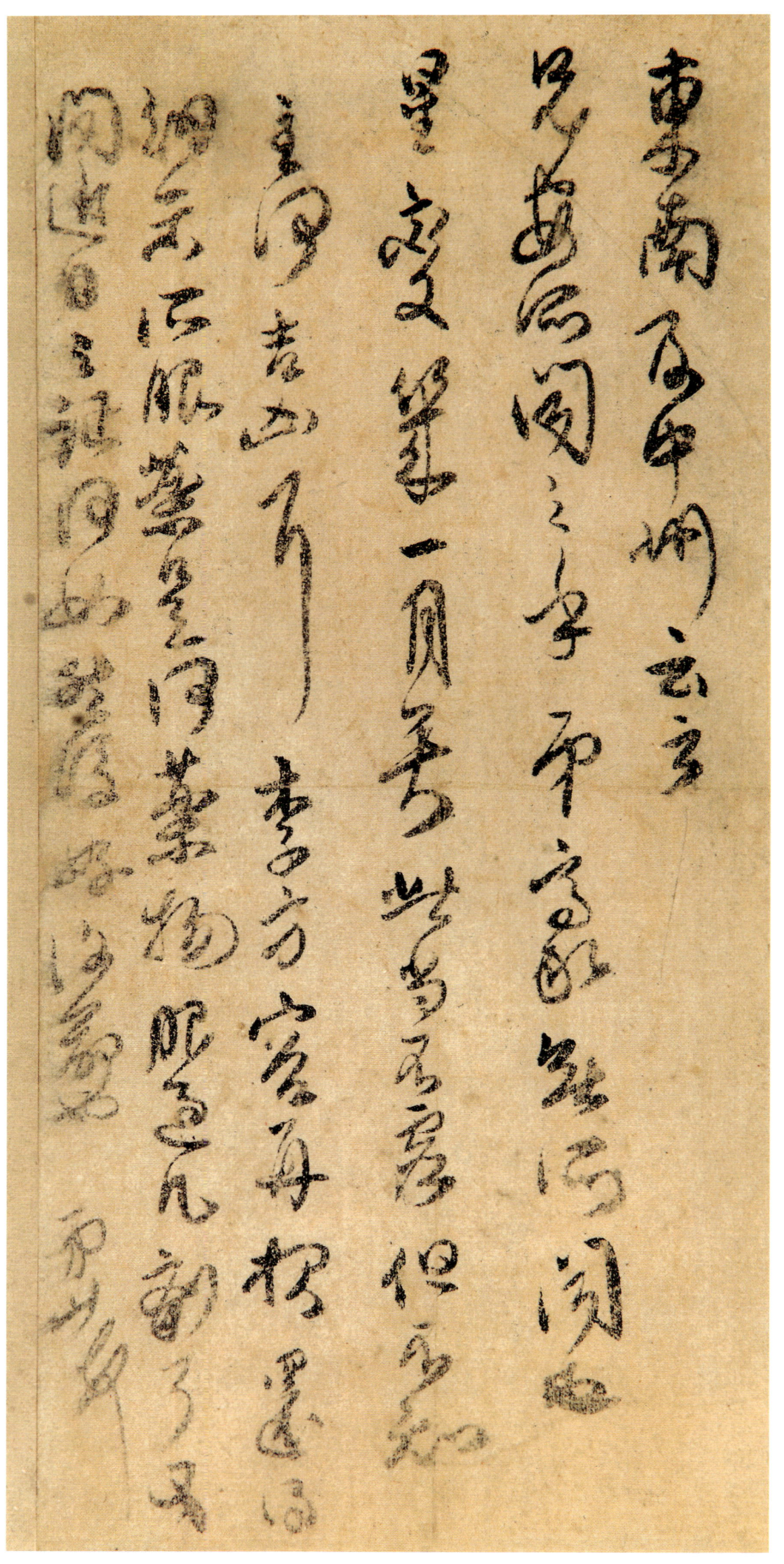

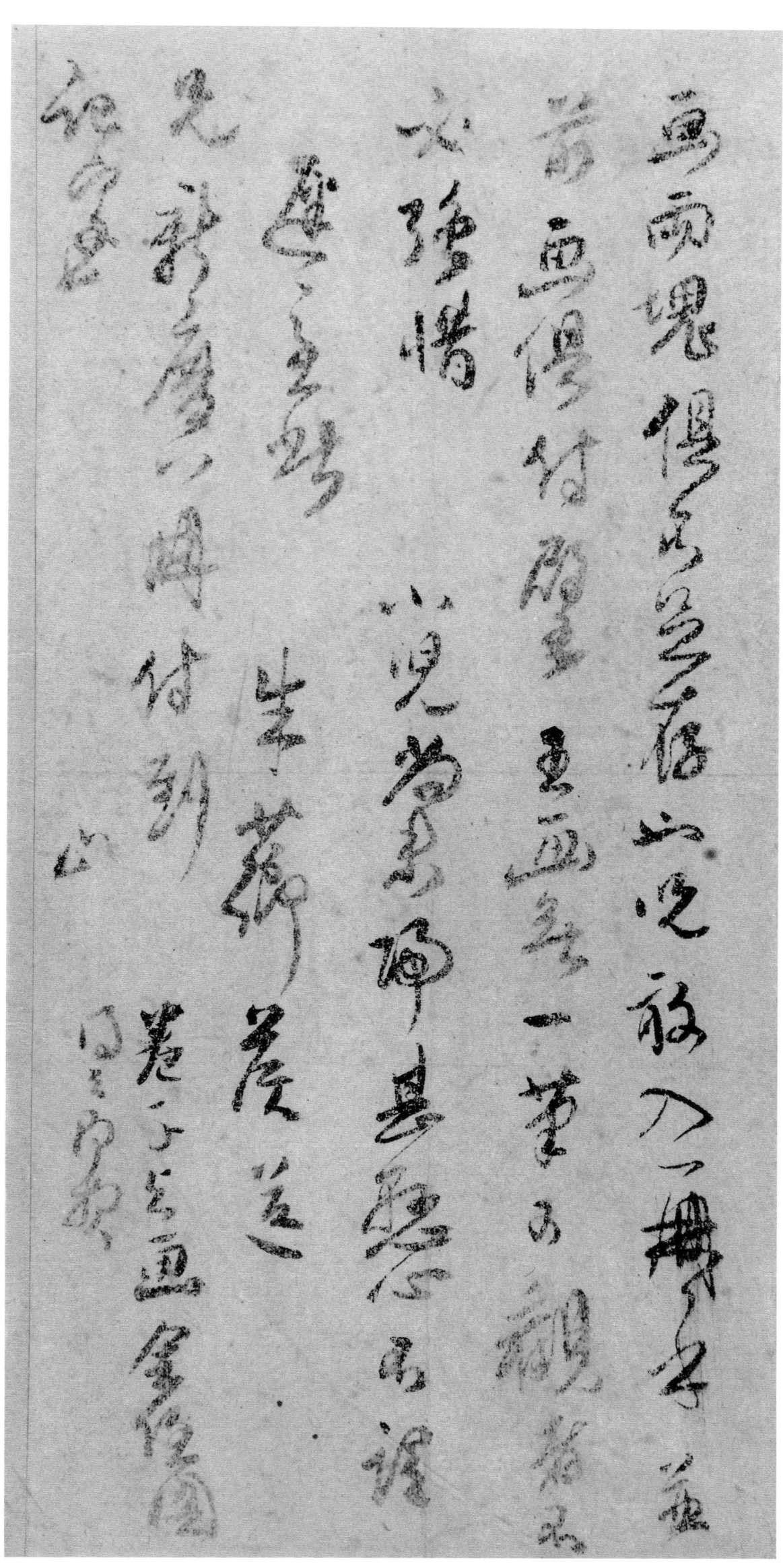

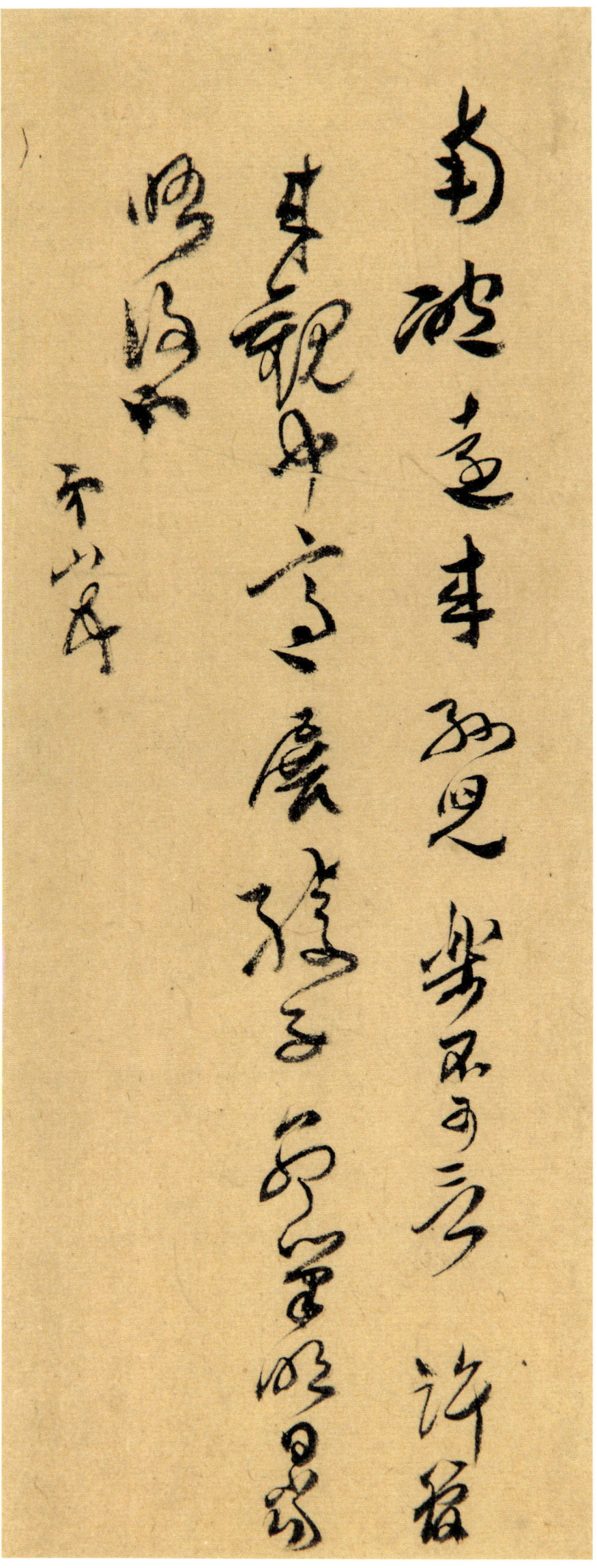

風華淪替不復日下如古也櫻寧豈容易家當其勝 枝頭碧□晚楓至汾為求橦華幾如再問

不山

親事承
根仲兄言至愛山之有心言念以
覬色實未始離休事故遲遲謙之須侯此
不便而後為題言此沒得充有感說好邕
川平短
情若使中山
根兄南湯如此當初被此夢迎莫
國子面至兒風下鵠抂之
老觀病牛山有
的看迎矩

先示僕知也恙処高内有周世親者仍留的筆之
家眷閑
楓之言如謝之乎真切不遠之仍圖晤
老親康健無負當弟爲若別有亨正
再當便卯耳

右去帖中所言営事不知何如但是
昨再前所當手付官去手恙不不妨直執
如此査償心帖為冊逞者云信豈愛乃此好在
山頓

豈當此際不以新惨
心耶而此所當者
未審作當復述此自於
起 居室大堂聊上更

入州瞧下聽此糧免了矣省
三所輸之便於念人李兄
曲々委曲、附同
甚布心矣

生夢中句

陰雨新開五色雲 也知欵乃玉樓閒 東皇
雲車永畫 漢不見悵中之錦文
夢中採蓮曲
風來芰荷披拂 搖舟向深處 飛飛來白鷺鶿
伴儂玉有玄
秋夜一燈涼 圖相真道場 教兒跪病榻 聽歸

藕金剛佛事滿天地又何對潔石寶蓮
閑鐵藕與夢上怒放
粗帽右石瑭無誰雜此
奼媙俚不馀寺日足有長松上
死石去況法之島吐黃膳鳥
明事成丁此世膰妙墨莹萘莟廿三月秋明潭一
天朱長成厭軍洪伯范知之庭萹

老子知金用眉覺自審才一枝鐵竹韶之
紫宝薙南曰是心松盇薘一室挪意薘
薘玉十三面罷土天薘南園束
経如名使
于个十十一

傅山致戴廷栻 魏一鰲手札

師竹老年兄
生亥之辟甲又之兩君枉對不至于戕棐便你
古塊與西瓜子圓金屋二訪之
棫仁兄
　　真山下

殘僕至當使之墨庶點一
望賣手不利便且獨自延佳弟
搨搨不堪又人也明日市有入
城意甚懸能
芽至村山若不雄寫紙
邢山頓

元仲以貧不能出門遂遲之至今姨娘回來者
說王昭餘立來所望亲眷三頃兩石所之
恐其往返費事專令其娚往募想此擋
那宪至盛眷心且甫之冲在紅土墙
刻一小碑殽悶螺書即返十月內定東
在杉橘成此鄴華矣

麟郎素禮又擾薄賀展惋備一粗細專志一
茶奉弟于月初中外邦睞五六日洋雨後起之如
砂健步如飛遂致過期先候良甚寫中之二
子侄謹付
來使收費擾知祗謝
學兒賞娛窩一具五光人不冒付
生爲真正芸野絀練禍之物
兒匹如雞後便可携
兄便可携真正如之飛真鉛
弟養

鍾宿兄未道
元仲兄匯寓忻州堂大好了不可不往看真要一西相之且不
理前約為望兒之術須此老病未必明得此事耳
又一脚力度承陰時並能芳一回力使此封帶去名聞宿之
月光哨旋卻不狂閱盈長來連不消之影日
此聖贄絕以二三字画賣而傳之不知夢聊託有此迂
人可先此問之
柳老行丈

元仲兄又痕手已到回千佈字矣
三月八日儹四此月廿七八又東止聖祖助也

元仲兄望頌文二此處
東程醬屋生心关之

山書

老人聽著甚字生鬍鬚苦怒强掌住兩眼角花競加渴勝音棚之逢甚苦如此雖三言兩語不能論及成生甲家郡有兩印共磔福二枘如力言二家看人此禱不佳之

楓亭文侄笑覽

甲寅

涯略似破碎字甚细读石鼓年业临秘甚暑
陋难看然世骤看岁版涟路一部墨笔向字汾州所读三版
颇其墨而坻甚净偃宫天十三两则须三石笺甚坊中人三等肥经
对订业些此年为晚间薇叶延耸 附阅   平山为疟气亡

何得而经输壶铎拾口外仍莹敢绍而泥
中州立之诠经
深之绺二者所云洲则老些多为妙圆经
保英诗有素氛舟

不达
山

殤婦亦能聲

禮為生代
聖師
何以表魚匠了為送
百時之宮淅冠龜欷
必芸承欹〻空沆母〻本
侍丁亨泣菊祿

眷弟山拜

傅山致魏一鰲手札

切覺仲脩之病不妻
東西死也微察其也之
以來恟適埋畫之病
疢苦□□□□食息稅
居不時眠之以
□□名山中西三老事而
不得真畫之法未盡

别者揖拯于中卲我
而静知竹圆服书付
荇羽一芾山再
蒌岚菌寺苹不张甚
加多八舍后
见克旅人心小筲者
馿乞栽傹息化二埧
可困莅茫且伲纲蒿
秭猝云孔秾杢崇亭良
鄉与岌如侾細乎

夫人方懸慮之奉
復經屬精度多不中病
即令合成尚須商議不
邊服也古慶所白事
田封
上其意尚須与 軍廳橐

寫成愐古庋屢待見時
親授之便密錫也張
童名題卷子美甚竟不
就俱未卌一名可年
恃知昌黕
諒吾病而意圖睹言

真待饒水弟顗之叩明示多頌奠无雜日至人良勢于中

奠司臨去時曾遺兩院大
以半幅帖字而唯僕不已
奠翁再一字遂至發意言
吉凶難中當略知但結果
外則署苜有人去處處置
照日百叩

敬宇詞軍處即第一絷
多賴家兄弟
世更欠之物 戴豐三爺
買書 妙古書 要此
似難治再過省中當
有一部 而蜀圓之賣
書人晚甘保家頗思之
食便而易得事不晚

傅山致魏一鰲手札 〇九七

中弟陳㪍雲者府上
快手也安州之民以此府
差去州六筆史寫畢
之歸放鄉百无代話只
是怕扑
告不一看顧耳炎南如何者
鄃必以不笑知此不妄 本月方
從以看顧好主丑
奴而已此少禽羅曹主

傅説

高朗揜以盧胡即外蠓蠓
以射棚、安陰狠威栝戀
葢必甚覡知面䩉之人
朕韋、亦能引徬挪振且
天地陶陻正彫似坼找自信
豈天地陶陻正眎人哉生死
宿雲不施自他去之歎矣

書房之置諸謗之莫說
今矣即目已笑之怍腸子斷
矣想年都是了魔王都是
寃家因奈何此人家絶
醫絶詩絶役于衙而如
學博固一絶一紙清 偶如可喜欠
力於收雪況徊栖絶詩便令此清寃了
相其面哽時細远不敢敬其唱也
投筆嚎不能下気
　　　真山老怀

本擬旦暮即晤而爲真司作一畫冊又得即脫寫法借廟署初方丈真心誓旦便不爲違物帳也前借重疊去若字派悵悵書未晴子孫延也訖望無不遠去石友粲徹

寒光山碧山寺可同果
苗僧隨喜

和尚當為擇確慎此四五后不道
之為如囬屋後話耳

莒差大如肉之藏舊治云
神明罡居故名所有病拈及
尺盂邑為生朋觀灸

春槐一發知卿偖三言不一

忻州寒苦於素為佳但此時
衙中有喻若硯以事在之事李
足餘兩將刻　若親生日久待
如挽酬謝頌寄此祝病時
領一村力負兩縛還不知稍助
九亟之興否
隆千壽以年縫考家事
菊往其月六擲那工乎詞
霊竟蒼冬邂逅有事
輝三南無言草菴兰之

傅山頓首

尊恙杏和葉藥盡
庸医之間多庸醫以行湯
渦淺意曾没曾達三五州
治子呂厚
蟹躇多以此中六兄番醒錯
三地手去脇路良姜須芳心
北家敬晉

揭付一字
沁室谨面先生
佐卿
趣扈之幸
匆匆中转城
初山頓

最新發現 傅山致戴廷栻 魏一鰲手札

梁日霙得邂逅即去且以廑
三前約黃之奔馳計估信盡
叩見掌荷固皆以分寥
不偕夫奴氣甚分笑眄日
安點即黑即禮入
弟少儀送

要䓍似遷畢竟之計矣蔭山梯天凌朝市不必笑三閶還勝無如大花宇君此乃勞耶以刑字不在有親故見证處

戴老傅不得行示
新字樣山極無多畫緣之巧
旅年傳囬古庵即陽題
苦荷
鐘錢得與府試念此間恕庶
外怒也

恩翁源米本蒙懷不肖以初
起見自不敢唐突一診一視
無他染指會也
神妙一予衍律倘有之試即不
頃連作頭痛麻亦商之軍醪
再有定論弟幸亦無穩名且在
旦暮敝敝不負在所不
助了無忱附聞
右度白備手于有衛扇伕
荼山老怖

酒道人游戲宰官荊棘林中點無作胡旋之舞何迂濶以慈為逍法脫去亦當整錯石見利䰟前㠯札大意亦見當有別答到那忻解種極經一晌細道究竟年裏不得至彼舊游而守梓當乙鋭三月

不曾專一處信真正躊躇
非情今始盡家第一案寒書三
叩正望開歲出門甲復有尒
得快門蜂務皆得些進不
多而當告皆石為戎特心
土刀悍風著不一如把愛誤
不淺若得甚露六復易劝
蕫劉劾星其地亂便於客

甚恔諫院劉之即如小保罹去邵虎劍補赤麻應了擱真搓耀其中記佐室鑿有人但此等事不嚴刑不得而過頗人便有以鄰抵死者參任擱發耶徑可以人言此鄔愛要鄉暑瘃罸刀里分若此事情得飽都貴吞点下車之一枞開也大概不便邮

诸弟辈家即悚口悉之徽
州之穑去里书之磐不可勝
鄉郇實寒族三三無借作粮
于粮簿甚弄有甲於人
情理不可辞而耶奉先人
敦睦之剜咳于奈以若隘
外則省中七門發包之同舟作
敢言宽甚為拉倆氣彩旅之
于人正别内同宗半雄無地收容

恙不知義褉來常二名弟弟作告之口下便無所繳說一兩言以答知兩以方外律陸鈎交門不有年而無知與人心不借口諸律萬一有事聖堂已復美援自救不安無知如品得有一副忡怛面皮覺得在為中不勝馭滿正月望日半可但都詳南矣

火病之葉無過平心春間用事君詎易張聰耹之時切忽景怒待汝至再一切之更剛酬常服扎方酒門下平和之用萬無媒乞加劍事錢子勤与展農不盡 忽山頓恠

賢伸之城 正難遲家
弟代申三百夢り另勸
野戍 家弟言人
姓見比言临以
忽輒章元侶卒
游廿雪知足三看
挚以書日陛

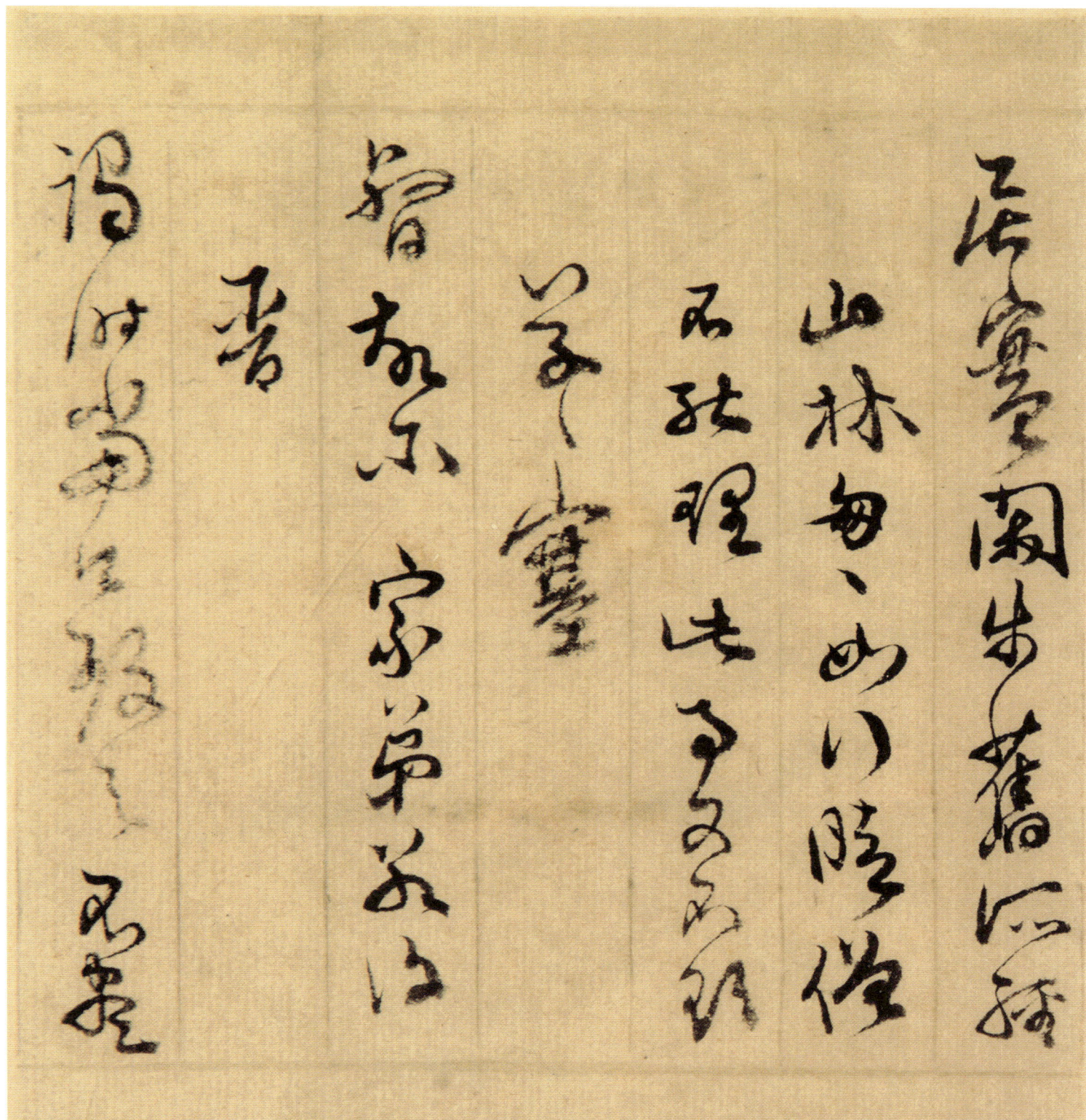

臺翁百凡
仁兄日夕慎酌之
加必幸甚
望以甚自强少出都
莫山丁頓

袁痛日後杜土部所謂坐卧筆
多廿行之之時意即復似健
步消敬即煙箬之釣無厚
信以為擾鮮與的意人公之
不可吶何火平定口白也自尸得
一不愿人坐此步去德異不房所
拟月山此後匱碧解宴昏
雪于剖舍以一瓶一鉢形如
飛鳥便于動轉不晚又有
家黑吃以入於聞門舍話计到
畫人睡著兩隻眠杜南霄片沽
止經觐向吃尼月看著說著
不已而生心郵墨不尔闻

崇行五無中惡此行當後
何蓮任走賣芳之驅馳吾
山中人何留得五閱時若
不將有向空為慰難不知
卿束之公二兄為遠邨荅後
有字牽慮如相子月見一
報之答邨到復見月見時
侶含報聲為如易自後
愛侯之崖術而之去在
若妃中後聞舊將低難

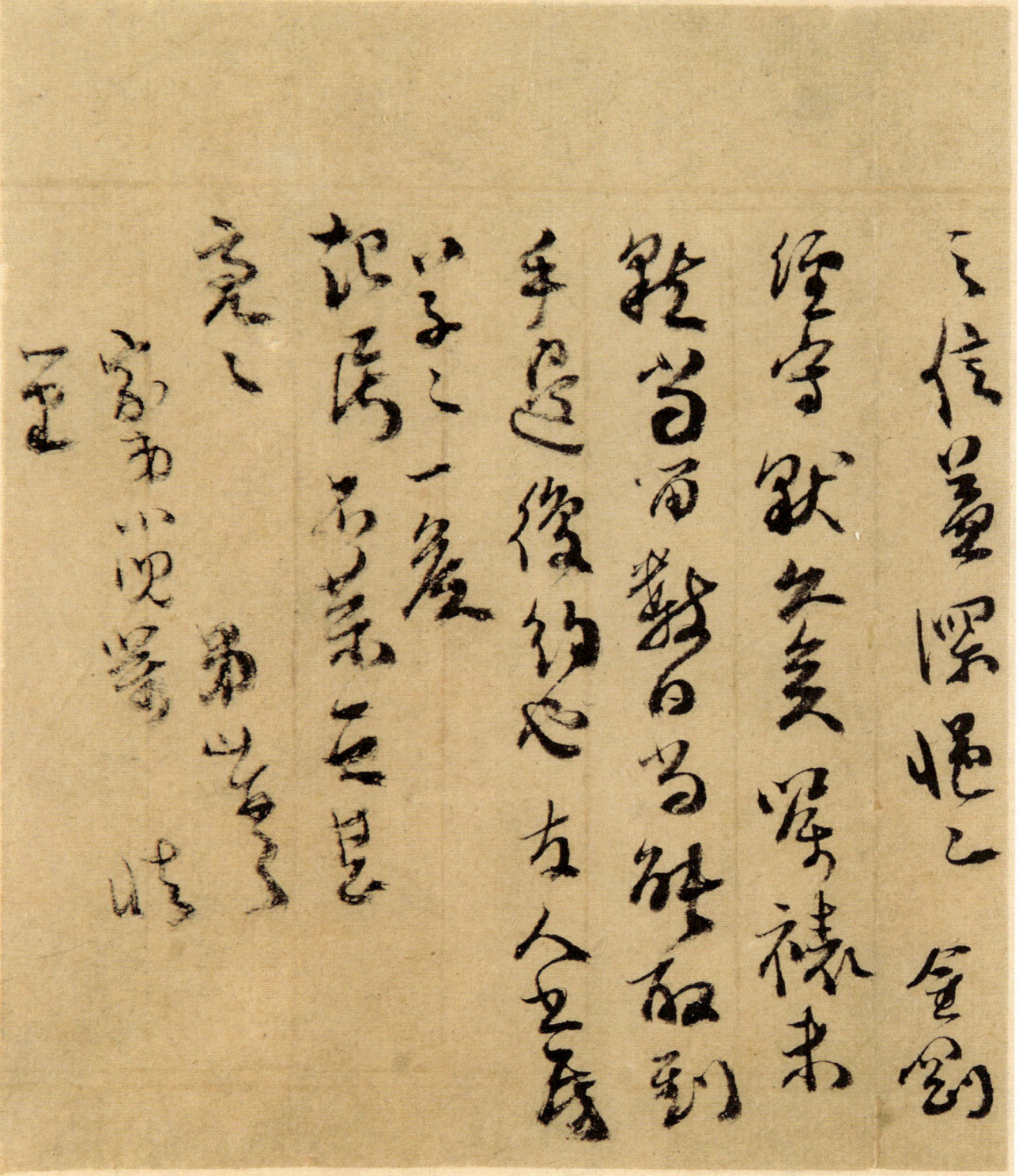

傅山致戴廷栻 魏一鰲手札

日程魏足下雖丈夫脚想自對
有來推住告之句日有湏朝老如此
對神則日兒省周子母八歲
便遠上宣上之便用遽
甚必昭其學言所隆堂
世堂旨之

南山書

黃金偕家弟去辦目前
興居而義善五省甲房子之高不必多惕
錯仍敢泛見昌輔家弟摺新即囬覆黃不
當常将敢千日風夢償極熱紗如几席
甸汉去高厚
雪道習去半心真切前

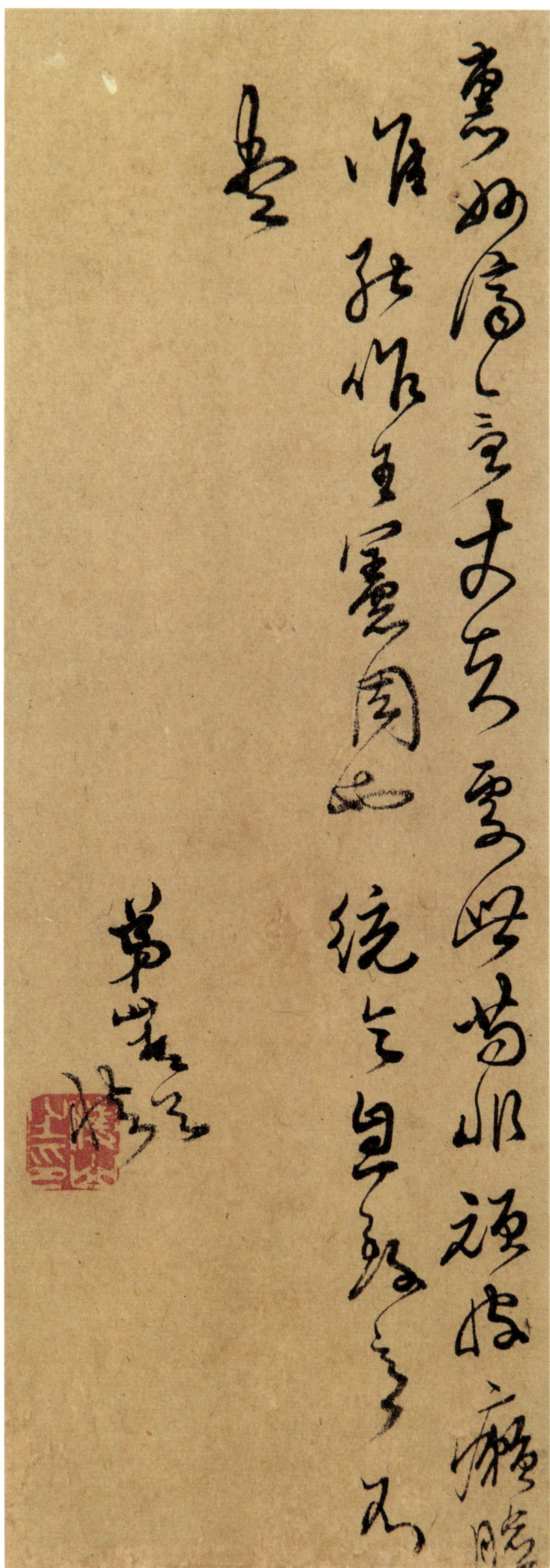

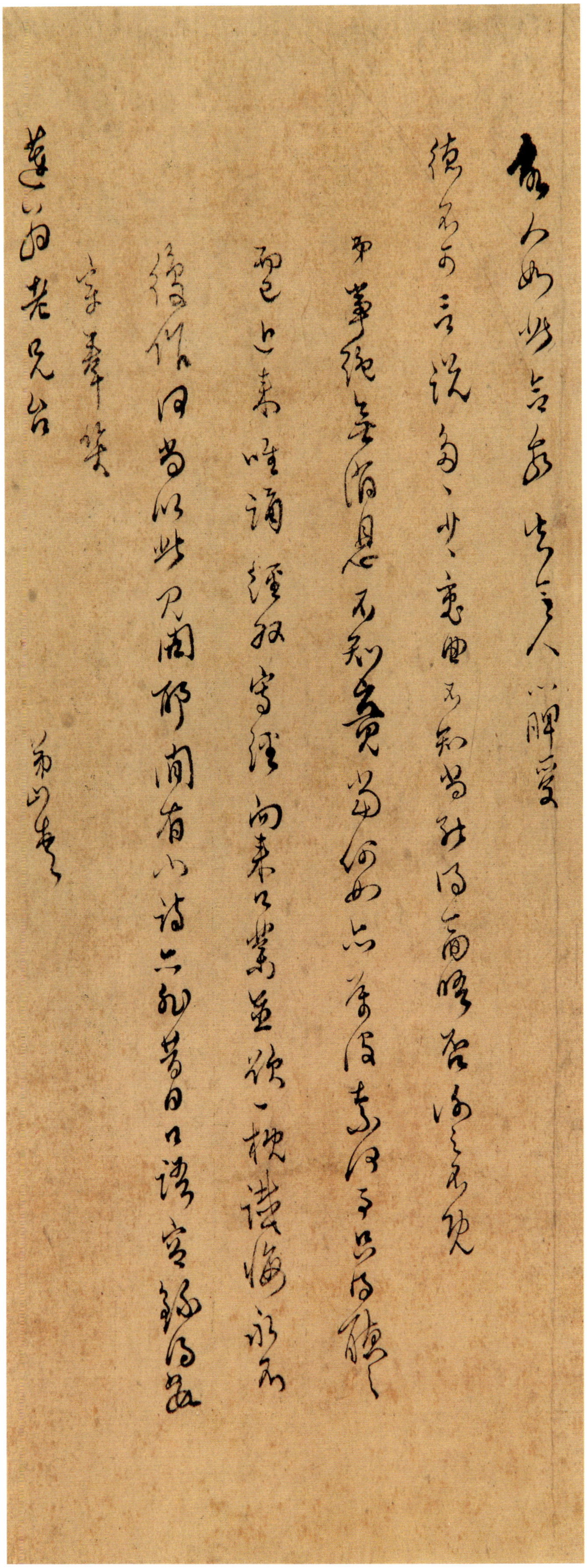

明闇
前学作卷以
弱浣畫村烏遮屹
前
高于不弟已言不辭勞言書室古度餞者久雲起
熱下春歸明早再行
敢六投謂速不勞伈差但絮謂畝埋名知门付固閑
在傳宣先此故款石畫僧寄片紙以頫不鉴然
同人來謁者孟㫄庵和畫蕉吳玄古度張君舍覲家弟正也閒上旨召幽
又蘇麻待挑再來欵无开筑庵为物入堆圆眼
傳山致魏一鰲手札

书画又报
梁闻随兩回言苟子有邮函来
收 久紫菴奉
览附启
报居
途次勿复奏老便悠悠

願且平心静氣剷此惡里無大操怎能生心病不惟前
不有即又所請閒此解絙之意缺少些多人少寬裕重、
圖眠乃逸
傅山書

傅山書陳右玄秋詩（長卷）

陳十有詩時詩四首

秋清二首

禾黍就食空 擔囊勿憚勞
邱林看不盡 玉露興更高
清為韻情深 感慨中柳之居
就十字為韻 壹融
秋望二首
落葉日紛紛 逢酒欲解紛
郭憭桂子家 空芳莫斷雨
達至廢石 輕小岩倦倦儒而冧塩
酒餘迎斷歲 四鯤松

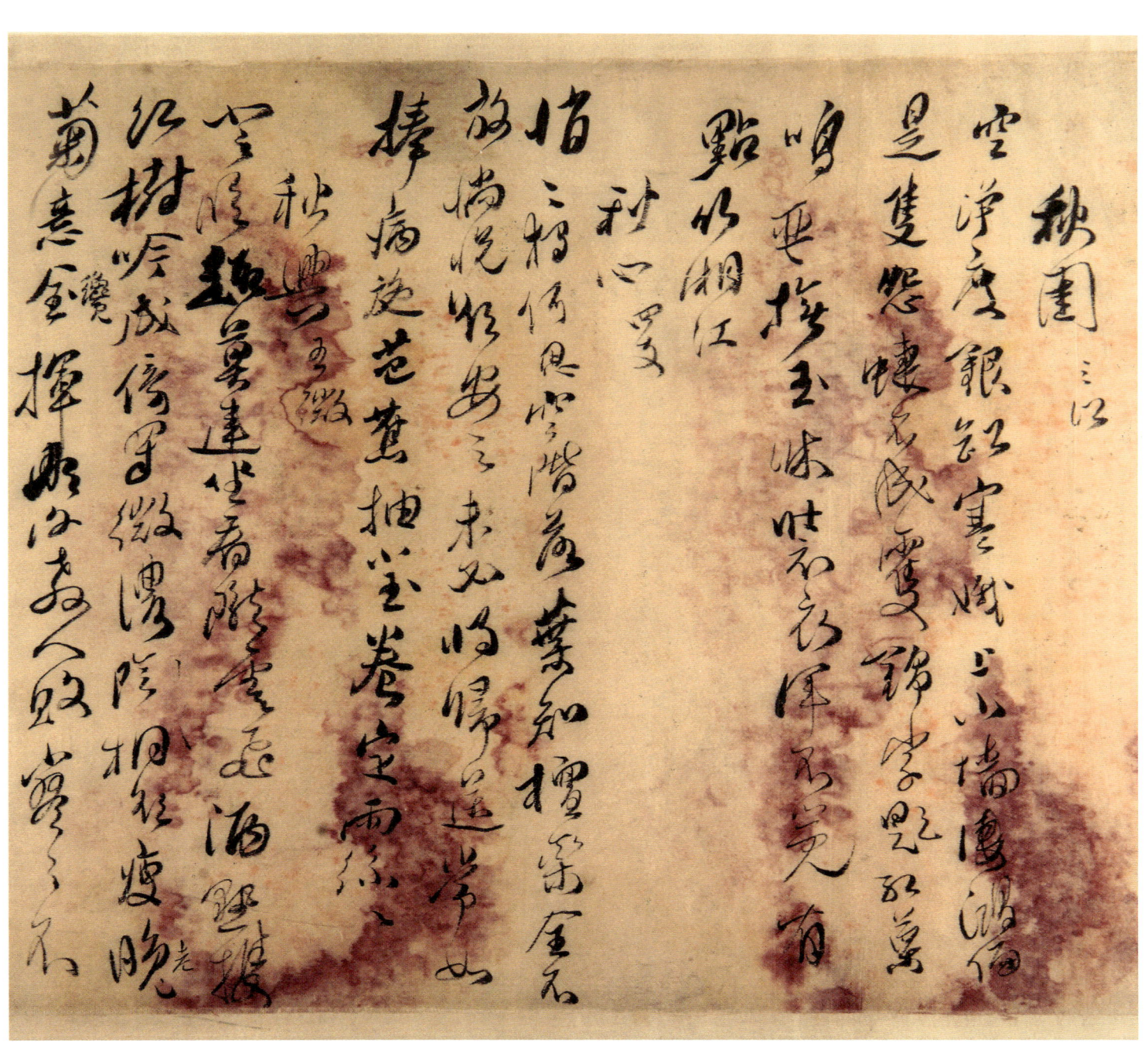

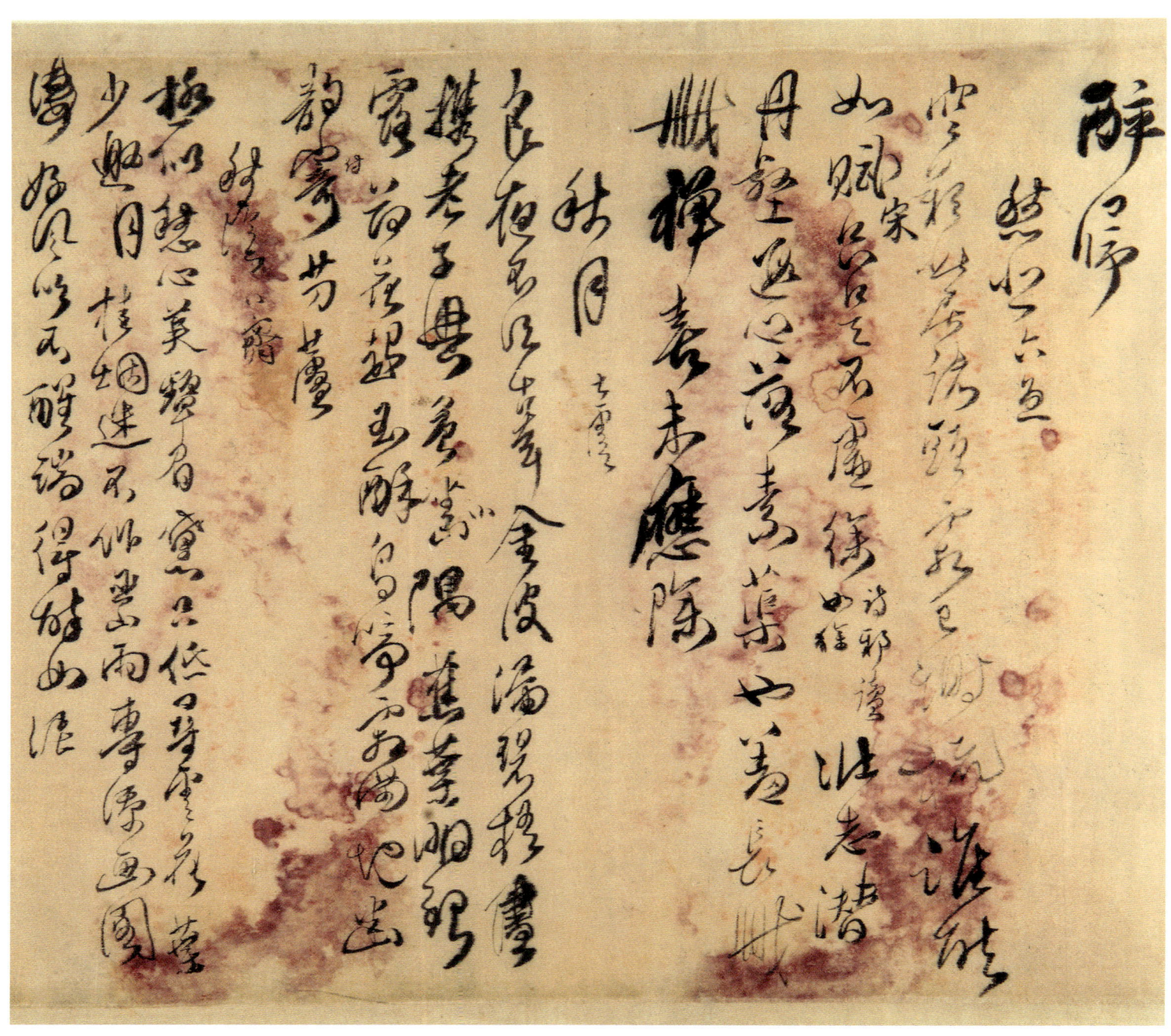

秋夜作

古刹傍丹崖逍遥寄客情白雲依玉楊
黃葉滿雲階東菌光相若燃藜影共
寒

五臺真見到阿賴識楷
開

臺山十景

無量窓以人手透𥁃佳鳥𨚫歳朝烟封壺
巖莽菩薩為新醅苦辭霞鈿冗嶂
崢嶸不灰爭為當日任真載井樹蓋

秋觀十二景

秀頂芙蓉錦西風橋岫形雲心舊
鵰紫雨濕江灣聽云書意生怪
岸迎馮賓縈紫華甄邑著名眼倩
再看

秋曉 十二又
西角荷蒼雲正屋瓦紫雲（？）高天鴻
景曉霜徑馬歸級山伸广（？）樵
靜（？）此地正未有檀根鶴姑放（？）
葉聲砌

秋夜 十三又
休以百花翠雲霞騰有聲
都市肅無螀二斛瘦壺無煙
生理繼嫂宜久嘗窗寂逢此會
浄魂

秋雨 十四又
琴上助風塞雲汲山廷（？）
有庭正阿經月射深林淨書去聲
磬厰瀠於以鬲（？）住正（？）高雲（？）

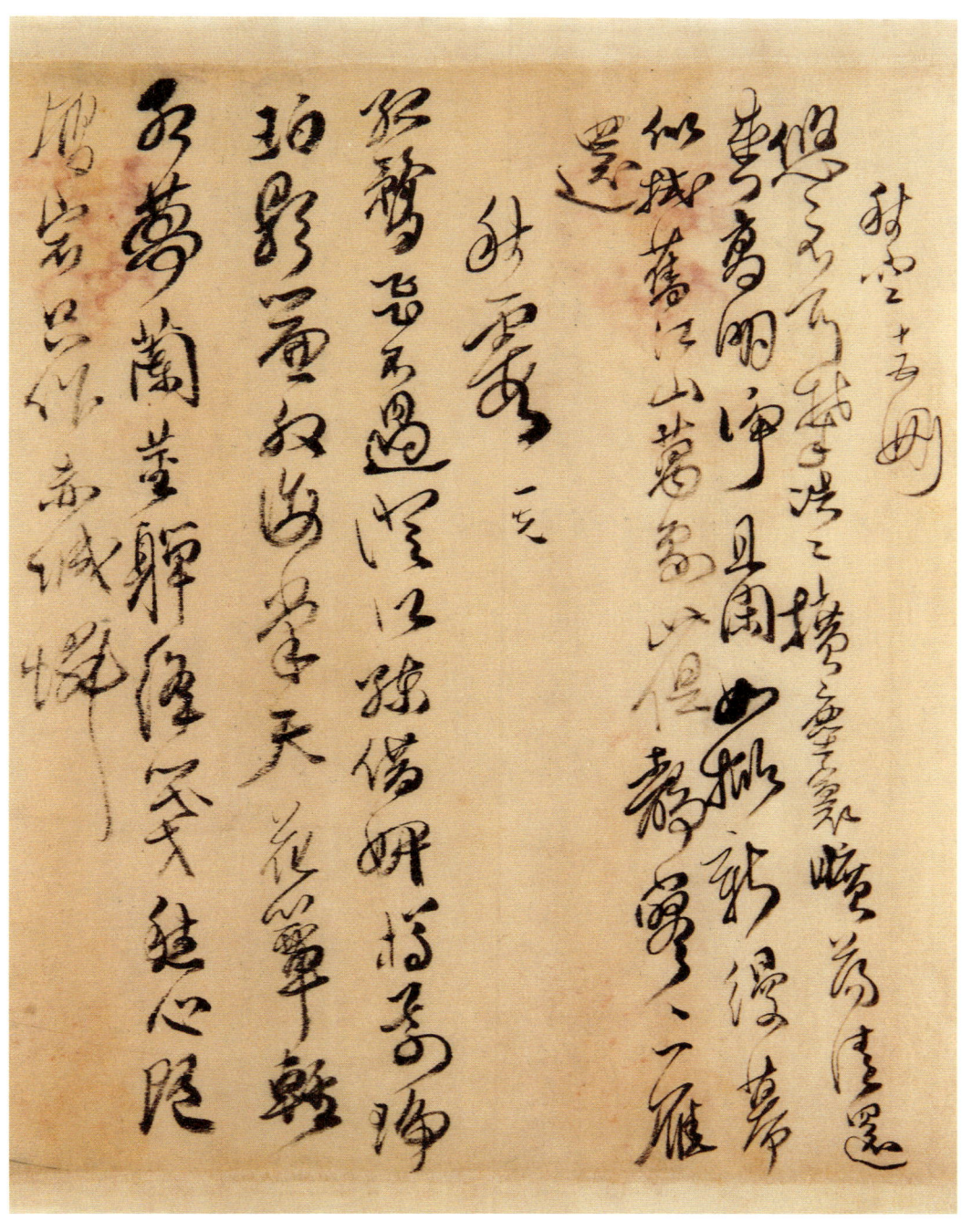

秋興八首

夢澤碧天飄滿湘 玉繩低逐曉霞空
朝寒空霑月夜秋 篆止水留虚
影寒雲烔義瞪 平沙揚角板山廬
荻放花招
秋葉之春
飆言欲摧花神 起思地朝風旅於
螺舞夢驚桂樓 栗影莎裊
蟬曲䜩聲吾青如霞雲聲響干
紅雲宋王悉

秋霽

金風蕩初高仙掌似涓官明霽
子烏鵲飛堞暮靄紫流岩岫珠
脫淚銀似遠隔征袍一夜西風
瘦山林生重臺

紫霞

花驚蔕蕾通迴每恨晚殘月
明懷玉鏡貝靜裡對波憶遠
憶碼華堪朱處淚羅水天涯
□□去看蜂低行

對雲之三麻

直影九天河何標華山體
聘月疑似傳鱗輕流霞百變
屈低隱塔心出岫家長陰石
兩岸艸葛偏

秋風詩

長河送遠書紅葉覺曉寒松濤
颯颯度竹浪風毛萬壑水又
三峯獨歸鴻字帖水雛色花
正老相奈此飄揚
蚱蟬一鳴
亥過兩誰唱芸華羽化輕摧瓦光
遣化揮朱點高明飲霧唾塞
萬聆凌厲御聲清眼壹之好自珍
仙意從玆擲

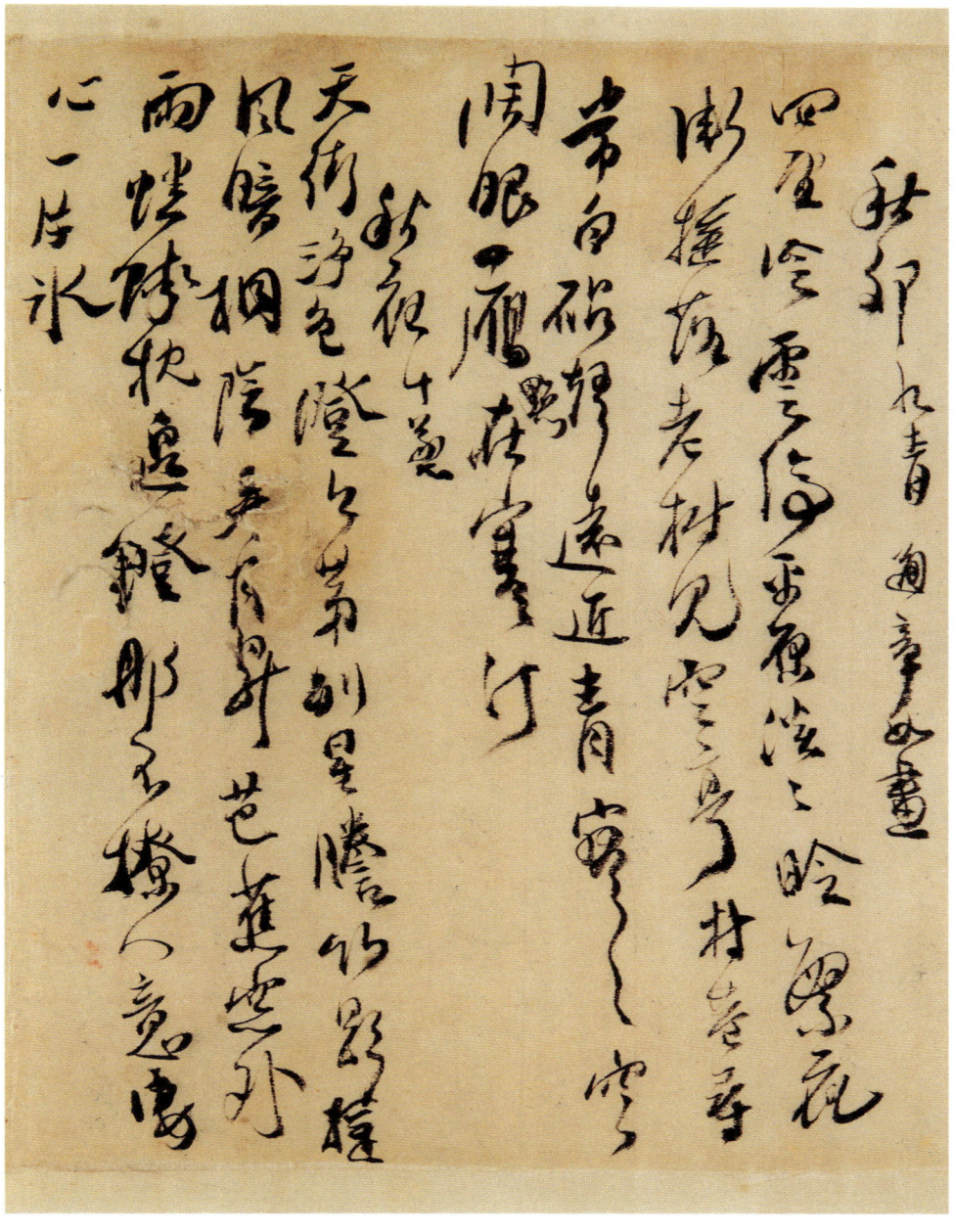

秋懷八首 寄猶子仁

揚壽陶雲鵝無端停了眺吉雲
潭湖日亮西弄空洲漁罟原
細響寒蟹未安秋鵲鷉爸郎
有處三一鴻鵝
秋懷十三首
此口月有霜鵲食誉而今可芳蕤
嗶儻傳妤國書圍家諺䑕霖殄霜
觧𠊱砲稚舒乘前軋修程潤星
秋書十三首
成嘉啖蕈廡颯暵黎咣寢家坐
葛婦曉有性汪昴嘉字速矢此
髱雲一屩尚蒕ば呤遶鎮謀
雨角夸擦

傅山書陳右玄秋詩（長卷） 一四一

最新發現 傅山致戴廷栻 魏一鰲手札 一四二

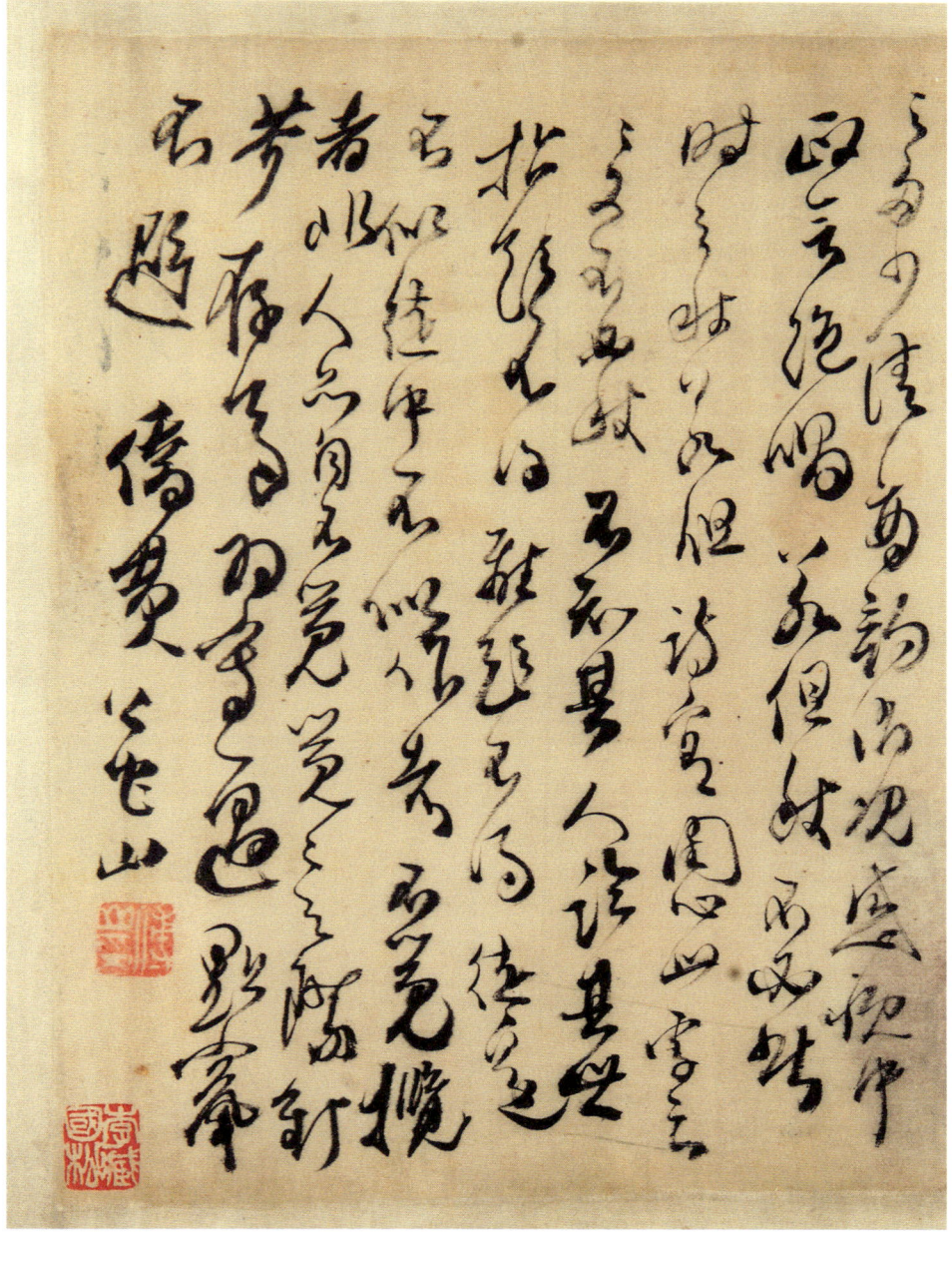

石鼓文校釋

石鼓文

遊車既工遊馬既同遊車既好遊馬既駐君子員、邋、員
斿麀麌速、君子之求。酉弓茲㠯寺遊敺其孫其來
趍趍即遊即時麀麌趍、敺其樸來射其來㢵既
遊其獨嚻

遊石本作斱从薛音戎工石本作、郭云禰文攻字眉山籀氏石鼓詩亦作攻
按車攻詩毛氏注攻堅也同兕也 好石本作斿𩦐鄭音寶今作𩦮郭云恐是
籀文駒字北野良馬名 員石本作𩊚非說文員蓋也邋鄭通獵字員又

音貢君子指從獵諸臣員眾多而有禮儀也邋旌旗搖動貝員辭當讀作員辭雍上贅旐詩懸旆旌酋石本作宧郭云志當作圍宧弓即弢弓也薛作宥鄭作酋周禮使弓利射侯弁戈弓薛作及呂古以字寺諸家皆作時孫薛鄭皆作孫字施云以碑本敚之字雖磨滅髣髴是時字即 趍石本作趩 田疌說文行聲也亦曰不行貞趩施云薛鄭本皆有以字碑磨滅不可辨 鑾鄭云今作鑾未詳音義石本有重文邋鄭云今作敔同禁禦之禦薛作戎趍薛作趨鄭作。直雜文並無重文 施本敱其旬在其來之下又連二字于上邋法云舊音本無旣字邀音敱
我題非与六我字不同來字更有其字下無射字 酋薛作首鄭云鹵而作遹即直字 施本無旣字不同來字更有其字下無射字字甚明岐城石刻六載 施云耒集影家釋音四字皆入著 宿得於北方及葉氏本下三

汧殹沔沔丞敓淖淵鰋鯉處之君子漁之澫澫又鯊其斿⿺辶韱⿺辶韱

帛魚鱳、其蒕氏鮮黃帛其鱄又鱄又鯞其豆孔庶䜌之

⿱魚吏〻泩、⿺辶尃、其魚隹可隹鱮隹鯉可以橐之隹楊及柳

王云汧音牽水名出扶風汧縣西北入渭殹即也見詛楚文下同　郭云讀如繄語助

也沔籀韻作泛音鄭云沔讀作綿蓋用沔字平聲以叶韻　丞石本作悪鄭云

丞字見秦權郭云讀如蒸進也詩南有嘉魚烝然罩罩王肅云烝衆也敓石本作

帛王云籀文皮字借作被音文曰丞被淖淵與尚書導菏澤被孟豬之被同義　郭音

彼淖淵水之深處也　鰋鄭音鰋又鄭讀作居蓋取叶韻籀文漁从寸今省作魚　鄭本

澫云即漫〻以萬通曼澫水之濔茫處也又通作有籀文省下同見詛楚魦今作鯊所加反

斿今作游下同⿺辶韱薛作檄鄭云⿺辶韱即⿰𧾷韱字相千反　帛从白从水古文泊字今省水之淺

處也步各反下同鄭云鱳音洛集韻云白色也薛作鱸說文盧各反魚名鹽鄭云鹽亦作盬讀同俎豆之俎施云側余反醶也氏典礼反按鱳即鮱字音歷的鱳白言泊中之魚鱳之朕潔白登之于俎甚鮮也黃帛水濁而淺処鄭云鱳即鮱字畢連反郭云畢即古畢字从魚从畢步佳反魚名薛作鯛鱒鄭云今作鮒郭云並呼反今從專鄭云鮀白豆石本作胡郭云胡今作腒气及反博延朕謂之胖鄭作豆字羅郭云簿文籛字鄭云謹官反施罟也愛舊注田若反相如大人賦休愛奔走也 涇郭云簿文洋字鄭云音汗今作瀽遭鄭云博或云即邁字 佳通作維可通作何下同橐說文符雪反鄭云与檦同舊文音。眉山石鼓詩作無貫之
田車旣安收鉴。勒馬。眾阮簡左驂蕭、右驂駬、邀以陟于原邀戎陣止世陸宮車其寫季弓時射糜豕孔庶麋鹿雉兔其。又鴘其。趚直大。出各

亞○○○果○埶而勿射○庶遽君子廼樂

按詩注輶車田獵驅逆之車取其輕捷也鑒郭云大公反譍首銅也廣韻音條紛
頭銅篩 簡選也 詩騏騮是驂兩騑也車駕四馬在內兩馬曰服在外兩馬曰騑
郭云蕃方圓反旌旗總名旛、取其輕舉貝駴居言反尒疋驆 馬黃脊盛紀偃反壯
健㒵 邀讀作戎陟升也遼古原下同 施云鄭本戎字作戎下有陳此關非有磨
減戒世三字上下相承不容有陳此二字于其間 陝鄭云今發礳本此關非有文言
車輦車也周礼輦車用于宮中季同綷縛弓戒也 觳梁傳弓綷貫 戎弓秀其頂示威中有文
田狩之時宮車寫而不用戎弓時施于射方言發稅舍車也舍音寫史記秦每破諸侯寫放其宮
室讀如卸 言叇獲多品 又是作有靪鄭云今作紳 轙鄭云作奔或作走 鄭本有茵
字在大上音適古直字也 亞石本作呸施云汗簡作亞古孝經作惡 㮌薛作罘字鄭云疑即
思字 碧落碑思作罳郭云志是臭字公老反大白澤罵也 趍說文即擊反動也郭云走也鄭云同轔廼
石本作迫薛作迴郭鄭云今作妆而也漠地里志鄨水道同五行志羕倫迫敘皆古妆字

○○鑾車鋚勒真○○弓孔碩彤矢○○○六馬其寫六轡驁、辵駿孔庶麀鹿
宣搏、𢓊車載術○徒如章遼遙陰陽趍、六馬射之𢏚𢓊如虎萬麀如
○○○多賢連禽○○邀兔祀異
郭云人君棨車四馬鑣、鸞鈴為鑾鸞鳥聲以鑾鸞从金省按經史或作鸞左傳錫鸞和鈴詩、鸞鸞
瑲、是也周礼王棨玉輅八鸞　　鑾石本作帶施云說文、骨反疾也薛作藥鄭云即拜字鋚即鑾字
並見義雲章真薛作真字鄭云即填字六作鎮　按詩彤弓彤矢天子以錫有功諸侯文侯
之命及左傳寅武子所言彤弓一彤矢百是也毛氏注彤弓朱弓也孔氏以彤弓為周礼之唐弓大也或曰
碩實也　驁鄭云五到反讀若遇彭家本並驁上缺一字無重文　辵諸家本皆作徒字駿鄭云令
作駅鄭薛作鄭鄭云宍作鄭或云即駅字諸本宣上跂一字施云宿本並無重文　當鄭云即甾字
作駅鄭薛作鄭鄭云宍作鄭或云即甾字　溋鄭今作濕通作隰徒從此徒從耻布如章
詩所謂相輈之車也載車也作　術今作道字
肽詩相其陰陽度其隆遙　鄭云趍即趣字七支反詩趨維趣馬部云鉄籀文族古作𩱏从異鄭云鉄与李
商隱族字相近疑即族字借作鋖首逐令作徐六馬天子所駕也趣、肽調和開習射則矢鋖之𢏚舒徐不逍

言皆合礼有一發五豝之意 麐諸本皆作鹿䴢猶禽謂搏取之也四方有不順王命者禽芝而戮獮之如虎搏鹿不勞餘刀上章有弓矢之錫得專征 迆石本作錫 鄭云今作狗 兔薛作鹿鄭作兔
施云碑磨滅不可辨
○○蔞、雷雨○滺迄漙盈溁溱君子即涉馬○滺澼殹洎淒、○○舫冊西遙○○自甯迀駸湯、佳冊以衍或陰或陽极溪曰戶○于水一旁匆○○止其夲其啟○○其叀
蔞亦作淒大田詩有渰萋、毛注萋、雲行皃施本需立有天字鄭云雷亦零東山詩零雨其濛又衡詩靈雨既零毛注靈兼也滺今省作流 盈石本作盈薛同作盈止遲反溱鄭云今作溱私列反溱鄭云今作舡籥理反涉石本作 施云即涉見義雲章 汧殹見前言君子櫟馬涉水而歸汧水流迄不可以涉 甯薛部作甯薛橘文 鄭作甯或作節
兩冊並也西石本作旬薛作低煎作由遙鄭云即歸或作遑 極薛作枝鄭云即楫字施云薛鄭本舟下有戶碑本磨滅不可辨于水一旁足上陰陽意也 鄭云啟今作禦 施云叀古文事
湯音傷象多夐前言乘馬以涉水源不可次言乘舟而遙

猷作邊乍衛遄我嗣除帥敔簝為世里微黴遒囩鼒柞械其樧柺庸
嗚亞簜其翏為所斿虇籃衛旨樹合孫
籥文作与作通 遄石本作撥簜薛郭作序
郭作阪 簜薛作辨音萁‧郭云志是芬‧卉之相紏者 鄭本作簜今省文作莫或作草未知韻是世石本古施云世三十也
文曰為三十里以三十為世書家謂之合字書卉蕰合反非世字也 黴薛作黴鄭云未詳音義 遒薛作遒鄭云遘遒字諸本無重文
作桠 庸薛作庸鄭云未詳音義或云遘遒字諸本無重文
作遒 鄭作仮署薛作署鄭云囩亦作囧 鼒薛作栗說文省作奠 樧鄭云未詳 柺說文讀作楷考反薛
峑薛作幸鄭云幸亦作峑 羴薛作羴鄭云今作蔑 籃郭作○云籥文蟄字今省 合薛鄭音疑
即合字音響施云碑本雖磨滅上以五字尚可辨非以今也又薛鄭本下有孫字今碑本無此字
而師弓矢孔庶左驂㴤、是戴不具奪後具肝來其寫矢具來樂天子來嗣
王始古我來
按文理而二字上當有鉄文施云鄭本師字下有弓矢孔三字左字下有驂字今碑本磨滅 戴薛鄭本皆鉄而不音施云

按說文巚字与此類下同 不其奪 施云薛本有磏字缺音碑本磨滅不可辨 肝石本作苛司薛作肝音吁 矢石本
作㕜 施云志是从大三字鐘鼎欵識多此類薛作㕜鄭作矢 施云鄭本子下有求字

叙走騎、馬薦、𡘋、皆若微、雜、立其一之

遱水衛旣平旣止喜對闢里天子永宮日佳丙申〇〇遱其用衛馬旣申

馭肅、駕左駿驥、騻、抴不嬈霂公謂天余及如周不余及

駿鄭音劉 鄭云薦今省作薦 若本作〇薛作奔薦云即若字古諾此从此 微石本作 施云散說文与微同薛作
放音非也 施宿本一下皆有止字按此本作止字

按文遱上缺一字 喜石本作薦 鄭云即喜字薛作嘉說文喜字如此薦別犒文則字宮同寧大義言水旣踈道寺民可樹執地珂
井則天子之心為止安寧喜樹三字未必連屬 按駕上缺一字 駿施云五到反馬怒也 騻施本無重文鄭音邀抴石本作戟施云
康、駕石本作駕郭鄭音駕 按文抴字郭云子一反摛也鄭云疑即捷字皆𦺇本誤也女通作抴 郭云𥸤犒文翰从飛鄭
說文識字与此相類薛音鄭本並作抴字 音同 霂薛作霖郭云恐是犒文霖字鄭云即〇〇 周石本作周施云說文𡧘字鄭云周令首作周

吳人慈亟朝夕敬〇載卤載北勿奄勿伏𢆍而出〇獸〇〇〇〇〇〇大
祝〇〇宜〇執窞逢𢆍孔圉〇麋鹿麋、遫〇其〇麋鹿麤天〇〇〇〇〇
求又〇〇〇〇〇〇〇〇是〇〇〇〇〇〇〇〇

王云吳通作虞 鄭賈序曰吳人曰享社也享社又狩以獻鮮焉汧水出于吳山故漁于汧也 施云其說志未眹慈𣂏作憐
鄭云亟即丞 鄭字吳山即吳岳也漢地理志右扶風汧縣注吳山在西古文以為汧山汧水出西北入渭 翰石本作〇 薛作敎字
鄭云即朝 朝卤即西鄭云見魯彝 奄石本作鄭云見盝和鍾通作俺 伏后本作〇 薛作戌鄭
作伏 𢆍鄭云即品字或云即畢字碑已磨滅薛吾之 麋薛作獻鄭作狩
高字同此鄭云令作享 執薛作熱与蓺同鄭云亦作社即社字 𥳑文囿作圉
瞳字見邟敢敦

傅山墨蹟釋文

傅山致戴廷栻手札（之一）

第〇〇二—〇〇三頁

藍君作此時，亦計當得入誰手不？亦計山右有戴仲當勤懇構之不？戴仲先於市廛壁公窺得山陰老徐數紙寫意花卉，尋復向友人處得此。南土動鄙北人爲「傖乃西」，曾先後兩韻士手筆，輒爲吾傖愛而藏之，亦大奇遇矣。若雅倩姿望見嚼葱噬酪丈夫，唯恐避之不及，及入其懷，乃知葱酪丈夫別有一種溫存憐惜，亦當不復思南風耶。戴仲裝而玩之，輒題數字，亦當大笑。僑黃山。

第〇〇四—〇〇五頁

伻還，忽忽草復數字矣。小兒今趨教，所命潯江紀事，或云存，一時繕寫未就，近當並入記室。先寫得兒詩數章持上，其賦亦督舍侄迻書，三二日內尚未辦耳。此子八歲能小詩小賦，至十六七即能邯鄲步，揚馬筌蹄。僕恥於對人道及，向日知此子者，亦不許聞之知之耳。吾兒好學深思，遂復敢令詅癡納納文字之契耳。不多幾章，先覽玉顧，亦足以漆雕開言繼此，須誨未灾邪？所有遠商，並令面訂。不盡。楓仁兒。

前所教一號，欲以他字代「補」字之義，皆無雅字，又恐涉晦，即用本字，實而不俗。下如菴、齋、亭、軒、字樣皆可，但以人多用之耳。足下有巖居之志，即號爲「補厂」，良妙。弟山頓首。

第〇〇六頁

邀惠數數，未展豪末，惡蹙無地。三日前五竹兒有力過寓，草修一函代候，並致聲，侍一或未即得達耶？弟自淫蒸來，即感舊恙，實有笑譜，所謂嬾潑之兄邪。而入深秋來，又復茇藁偶之矣。當今人物渺然。每接楓仲一字，如獲異人。近來造詣當大精進，讀書識力定有所窺，何不淋灕聲欬，起此聾瞶人也？前書曾有所諮詢，便中無忘尚翹金玉矣。詒侍一二字並致之。楓仲仁兄。弟山拜白。慎。

第〇〇七頁

老親病來，筆硯廢不理四五十日。今稍就和，得略復弄前蛇，不過隨所見錄紙條注記耳。所託文章叙，久稽命，因侍丈至喻篤，始籌鐙信手信口寫十餘紙。五竹連篤三次，不知何爲。或未與聞之兄邪？弟從來不能爲補綴伎倆，故無詞無復次序，亦由懶人不善掩醜故爾。其中多犯礙，爲與知我者言，遂不及常論文章類語，但須楓仲向齋中獨爲發笑柄可也。斷不可令非類一見。極知弟負多言之累，人好粉無爲有，以成有罪，況

此中所援實事。即于貴邑，素有聲氣相評處，尤須爲弟緘言。晤言，再詳理此由。金箋十六幅先附記室。三國志當看完久矣，便求寄擲張孺兄督取也。承柯良嫦，一切爲弟直截主張。早令弟知，亦頗詳之侍丈。不一。
弟山頓首。

第〇〇八—〇〇九頁

楓兄數數顧我獄祠，心言綻華，私覺靈光又加拂拭於半年前矣。三日刮目之言，楓仲真足當之。見仲疾惡之嚴，樂善之誠，賦諸天者獨厚，最宜自愛自敦，不可稍稍涉於俗學。柳河東車說，其中方圓内外之辨，甚有益於學問。山嘗誦詩，如「鳶飛戾天，魚躍於淵」。豈弟君子，遐不作人」之言，古人胸襟空闊，陶鎔萬物，何高厚也。學士安用屑屑較量人物，於人何所不容？老子曰：「善人者，不善人之師。不善人者，善人之資。」吾師，吾師，孰謂爲刻薄之學術哉？故對俗人，則學問氣佳矣。若對大賢，則學問氣又俗矣。人當少時，不能有得而不挾，漸長漸化，向之所挾皆不長俊，局量久而日虚矣。君子虛受聖人于咸象，以之咸感人之義，而乃云「受」何也？能受斯，能感其妙，在無心有心之感，即不能咸，蓋隘故也。山愛仲敬仲，苦口于仲，請嘗思「鳶魚」詩澤之。山虛受之象，數年後自楓兄處陶得幾人爲善士，補造物之德，醫風俗之頰，非僅僅一文章士相期也。
偶得此箋，爲仲作楷，不敢寫空言爾。　山。

第〇一〇—〇一一頁

戴仲不可及，亹亹發至言。自反不識字，諸生二十年。家世榮科名，八股殫精研。少少知前輩，歸胡浩氣篇。環顧昭餘邑，狂胸高如天。既又知古文，著眼一荆川。又進有唐宋，大家何多焉。乃始心憧憧，胆落汗如泉。況復史漢書，班馬日星懸。左國遡墳典，心眼當何憐？於今三十七，時時愁老顏。奇文滿人腹，只我饑桴然。小縣無朋友，孤宇蝸三椽。無已於紙上，蹶蹶尋聖賢。但求不白丁，敢望經笥邊。聞之爲俯首，此志誰能堅？猶復多遠懷，老我遽其鞭。不可向人語，聊復記于箋。有志胡不成，畏難日月遷。道人欲已矣，看子之騰騫。　山隨筆。

第〇一二—〇一三頁

作字惟是偶然，欲書時，其妙不可思議。近來止得一再，差有艸淺獸肥、手柔弓躁之意。燕忝生紙一張勸書，幾年許矣，閣壁間。忽憶康樂擬鄴集詩小序，奇儁不可言，輒取試書之，遂能終。其體不真不艸、不篆不隸，亦真亦艸、亦篆亦隸。寫畢自覽之，亦莫測其結構運轉之妙。其時積雨連日，絶人事應答，静注南華之從不可解者三四段，頗謂得子玄之所未得。得意而寐，寐起即書此紙，亦誰知寫字之造適于漆園老儻也。近腕日老一日，欲稱此尚能鵞頸之轉也，而以六書法寫六經，補歐陽率更楷書之弊，浸浸上擬中郎，而無法財佐道，徒有其志耳。中郎蹟今只有道碑在，而亦時簡便，有違說文。黄初假鍾繇碑，猶不足觀也。　山書。

第〇一四頁

黑崖壓紅樓,崖威樓亦僞。偏得木心癢,批烟隱鐵杖。譎樹拏古虯,蠹過夔莫擋。霙松伏仙苓,深根庋玄釀。站站三青峰,撲眉浮海上。畫罘真道師,圠圠誰埽蕩? 僑黃人山。

第〇一五—〇二〇頁

大鹵彼其士穰穰,安所得好學深思之士如楓仲者邪?來教諠諠,謬以史學見督,此皆唐宋大手韓蘇所不敢。任非其才,老僕焉敢妄譚!焉敢妄譚!往昔讀書山寺時,曾取歷代載記、孝友諸傳,而刪之補之,細爲發揮,成性史一書,四十卷,自謂古今不可少之一編。而遭亂攜之筒中,轉徙無常,遂零落不可復覩。其間有存者,三五條耳。若本朝典故,及諸臣行事,亦欲妄一捉筆,備來茲君子之采,亦未能旁搜博訊,兼以精神日就衰餒,區中多憤筆,未數行而腷臆顛倒,殆不可讀,又復置之矣。駒隙之警,冷水澆背,痛何可言!人,字中斤兩或與奪未免過當,亦只堪自怡悅耳,安敢語藏而傳之也?近來頗欲取甲申之事,薄成一種,備來茲君子之采,亦未能旁搜博訊,兼敢妄譚!楓仲有此大志,定當富于聞見,或有所記述,不方詳教。至于古史,亦嘗于史漢而下,頗許歐老。今一再理之,又損前望。六臣獨行,立義甚好,而筆力太媚,一迳索然。死節極予王彥章,莽漢愈益無味,不知何以異于死事諸人也。其中機杼自命,當時似亦深費苦心者。而五紀動援春秋之例,不唯可笑,大可怒矣。故復縱筆一刪正之,不知能就否也。大都史學舊論,三長而學可勉。博有識者未必有才,古今之人往往然,益信才十百倍難于識也。紫陽綱目,可謂春秋以後一書。文中元經不敢與之並論。至于其所批剝瑣細,見諸論著者,似得春秋謹嚴之旨,而寔昧卻聖人一個恕字,故偶後生無數,反攻人之意于胸中者,謬承華褒,實增頰頰,叠損佳貺,何以酬德?三綾點畢,再報鳴謝。天龍社事,全仗呵護。其拙詩皆信口浪噴,從不著一詩人之意于胸中者,謬承華褒,實增頰頰,叠損佳貺,何以酬德?三綾點畢,再報鳴謝。天龍社事,全仗呵護。其所付予弟,可不知此等。欲致問,亂後譚譚,有所得異書名蹟,欲一借觀。容閒過仙居,稍稍探奇。不盡。 弟山再拜頓首。

第〇二一—〇二二頁

病來百許日,潛損日深,自知長寢之期不遠。往昔先溝壑之慮,實以先慈在堂,而今人子之慮盡矣,所謂俗緣久爽無罣,何仁兄今始以此見問耶?崛嶇結菴,豈復容易?若得仁兄爲郗公子,豈不大願?日夕圖此,正在「朝聞夕死」四字。庵屠苦蓋,尚其餘事。若能一半年不即死,正須以此幽築勞賢耳。若向日所面屬足下為我祁候,則有成言也。拙詩不必輒諸體皆具,生平薄長,單在五言;若七言,則只絕句有可存者。令兒眉面告之。不盡。 楓仁兄。 不孝山鐙下草勒。

第〇二三頁

青羊菴四首

芰蒼鑿翠一菴經,不爲瞿曇作客星。既是爲山平不得,我來添尔一顛青。

第〇二四頁

纓松絡柏絮團涼，紅葉樓頭雨氣香。山下村壚看不見，山南山北響淙淙。
黃壚短阮偶來賓，領取松香細細聞。睡起篆天無俗弄，南窗關住一峰雲。
幽花爛漫鬬春暉，菴主扶藜啓石扉。暎雪團團山薝蔔，香風陣陣野薔薇。

第〇二五—〇二七頁

爰有秋榮，臨池眩瞳。影沈鏡碧，漪惹雲紅。細風答艷，涼月贈濃。悲赫蹏之金菱，羞飛燕乎珠宮。有嬌者姊，同稱異志。慮遲暮之無知，逞芳容于桃李。遺姝妹兮不來，枕簟涼兮自矢。霜欲下兮強妍，雁南聲兮淚紫。雌蜺爲帶兮遙霞綴裳，翠葉胥成兮娟憛卧于玉牀。寒生暈兮猜醉，妮憐豔兮疑香。不堪見老藕兮志離蒼蒼，感時顧景兮增好色之愁腸。秋海棠小賦。甲戌秋晉祠作。山。

延岑據藍田，王歆據下邽，茅丹據新豐，蔣震據霸陵，張邯據長安，公孫守據長陵，楊周據谷口，呂鮪據陳倉，角閎據汧，駱蓋延據盩厔，任良據鄠，汝章據槐里，各稱將軍，擁兵多者萬餘，少者數千人，轉相攻擊。異且戰且行，屯軍上林苑中。延岑既破赤眉，自稱武安王，拜置牧守，欲據關中，引張邯、任良共攻異。異擊破之，斬首千餘級，諸營保守附岑者皆來降歸異。岑遂自武關走南陽。時百姓饑餓，人相食，黃金一斤易豆五升，道路斷隔，委輸不至，軍士悉以果實爲糧。召拜南陽趙匡爲右扶風，將兵助異，并送縑穀，軍中皆稱萬歲。異兵食漸盛，乃稍誅擊豪傑不從令者，襃賞降附有功勞者，悉遣其渠帥詣京師，散其衆歸本業，威行關中。唯呂鮪、張邯、蔣震遣使降蜀，其餘悉平。明年，公孫述遣將程焉，將數萬人就呂鮪出陳倉。異與趙匡迎擊，大破之，馬退走漢川。異追戰於箕谷，復破之，還擊破呂鮪，營保降者甚衆，其後蜀復遣將開出，異輒摧挫之。懷來百姓，申理枉結，出入三歲，上林成都當時長安左近數百里中，屯據十二家，老馮乃能鎮靖上林苑三年，無他敗敵，可謂能矣。而即有「專制關中」之言，難乎哉！難乎哉！

第〇二八頁

左氏傳襄廿二年十二月快事：鄭㴲販將歸晉，未出竟，遭逆妻者，奪之，以館于邑。丁巳，其夫攻子明，殺之，以其妻行。子展廢良而立大叔，曰：「國卿，君之貳也，民之主也，不可以苟。請舍子明之類。」求亡妻者，使復其所。曰：「無昭惡也。」如此無理之物，其夫能殺之，快也。子展又不以國罰殺之，使復其所，亦無可奈何之一快也。若腐奴，又不知有多少講論，「該如何，該如何」矣。

第〇二九頁

沈冥之怨既缺，過軸之疾已消。僑。

第〇三〇頁

古文周書曰：「周穆王姜后晝寢而孕，越姬嬖，竊而育之，斃以玄鳥二七，塗以彘血，實諸姜后，遂以告王。王恐，發書而占之，曰：『蜉蝣之羽，飛集于戶。鴻之戾止，弟弗克理。重靈降誅，尚復其所。』問左史氏，史豹曰：『蟲飛集戶，是曰失所。』問左史氏，史良曰：『關親』二字不解，亦可意繹之，猶『竊』也。『是謂關親，將留其身。歸于母氏，而後獲寧。冊而藏之，厥休將振。』王與令尹冊而藏之于櫝。居三月，越姬死，七日而復，言其情曰：『先君怒予甚，曰：爾夷隸也，胡竊君之子不歸母氏，將寘而大戮，及王子于治。』不知古文周書為何書，事奇，修詞隱奧，可喜如此。有此舊紙一片，不忍徒污，敬抄此一段。文選思玄賦：『子有故于玄鳥兮，歸母氏而後寧。』注不知為誰注者。後漢書注逕刪此。山最好讀杜公詩題，皆世間不可再有之文，不可思議，但有神領。

第〇三一—〇三二頁

「課隸人伯夷、辛秀、信行等，入谷斬陰木，日四根止。維條伊枚，正直侹然。晨征暮返，委積庭內。我有藩籬，是缺是補，載截篠蕩，伊仗支持，則旅次于小安。山有虎，知禁，若恃爪牙之利，必昏黑撐突。夔人屋壁，列樹白萄，鏝為牆，實以竹，示式遏。為與虎近，混淪乎無良。賓客憂害馬之徒，苟活為幸，可噫息矣。作詩示宗武讀。」

第〇三三—〇三四頁

種竹交加翠，栽桃爛漫紅。經心石鏡月，到面雪山風。赤管隨王命，銀章付老翁。豈知牙齒落，名玷薦賢中。
農務村村急，春流岸岸深。乾坤萬里眼，時序百年心。茅屋還堪賦，桃源目可尋。艱難床生理，飄泊到如今。
細讀，祗覺自然之妙。堆城做作之人，殊嫌其淺直。

第〇三五—〇三六頁

「鄭南伏毒寺，瀟洒到江心。石影涵珠閣，泉聲帶玉琴。風杉曾曙倚，雲嶠憶春臨。萬里滄茫水，龍蛇只自深。」題「憶鄭南玭」。「玭」又云是「玭」，「玭」又云本無「玭」字，但「憶鄭南」耳。
宋人「馬不進，倒而投之灘水。」呂覽用民篇。
棘桃，獼猴。韓非外儲十一卷。
單緇，紡緇。
玉為楮葉。

傅山致戴廷栻手札（之二）

第〇三八—〇四一頁

瑤華再柱，三年不報。依依知己，敢尔魯皋。右臂痛風，不能握二年半矣。勉一握之，腕隨肩動，輒復跌撲敗簡。今秋稍可。十月間曾屬貴年友杜子老一箋寄聲，不知能達否？昭餘戴仲，傳文旌暫過平水，百餘里間，不得一瞻芝宇，奈何！若果尚留平水，少煩，當圖晤對。不奉雅悔，忽復四年。前箋有「添得中甜幾百篇」之句，蓋因近作者僅有篇章，違心賣弄，攬之歃歐，不知作者之甜與否？而攬者之甜，閣閣不來。此道何等性分事不得共，二三真正不昧心人，相視一笑。瞻言道情，實勞寐寤，非復常言。艸此先候興居，不盡。真山頓首。頓首。慎。

第〇四二—〇四三頁

文章小技，不費精力亦不能出頭地。昌黎戛戛，陳言務去，而今視昌黎，又陳言矣。所依爲編摩之本，不過是家家有底者幾本左、國、史、漢，別集耳。而獨闢手眼者，在其中，又不在其中。依經離經，變變化化，熟而精之，正須歲月。如吾兄前與□□檢討文叙，遶大裁剪合拍，已不在時流古古手之下矣。要緊語是不要亂看，取材是材，而用材者非材，且揀平日所極愛文字，或史或漢，爛熟上口，久久自有時節因緣，如擊甌破塊之悟也。今年吾兄是高達夫學詩之年，何晚之足悔也？草復。所云司馬自豫適秦事，弟絶不聞，不知的爲何也。諸子再檢寄。楓仁兄。弟山頓首。

第〇四四—〇四五頁

詩歸再鈔，便非于唐詩起見，似于選詩歸者起見矣。不必諛，不必梗，商量發揮，出手眼上之手眼，乃不罔此一番心力。若爾，公之辨，單是尋着與人作駁耳。不自己從他論注上開生面，又何必鈔？但此書行之既久，海内耳食衆矣，妄有譏評，爲鍾譚不得，爲不鍾譚不得。慎之哉！真正个中人慧眼平心，可與何、李、王、李、鍾、譚共坐一堂，公公當當，做一樹義調御師，令各家伎倆一齊放下乃得。不然，任他辨才，總是偏見。作者有心，看者有心；作者有時，看者有時。變何易盡，論何勝縢！

第〇四六—〇四七頁

弟病，便欲無已。老憊交至，每日早至午尚如人，午後至半夜，則忽忽不知人，如在風雨中。夢寐悠悠，不能饑，不能飽，不能坐，不能卧，不能騎生口。眼花，又如在雲霧中。勉强讀書三兩行，非半閉半啟，兩眶痛不能忍，時時要借眼鏡矣。「逸我以老」，先途只有「息我以死」四字頗覺切近。但不知死後何如。此等心曲，唯楓兄知之。然亦不可與人言，時復自笑耳。木椅遠至，容面道款，不盡。今痔下亡矣，腰臍以下痛不能

伸，臥時展轉反側，公然老趣，亦不惡也。附白。　弟山頓首。

第〇四八頁

弟昨入城，擬一見枭司而少禮，勞爲賒茶扇充之。今日想不得見兄，若面時，復當先爲展意。目下需費，尚欲向兄爲陳湯無行之事，不敢相强，亦不得不浼也。數無定，令息眉口商之。　楓仁兄。　弟山。

第〇四九頁

文侔偕侄仁到村僑，取所藏舊紙，可將來未？尚有與鄆羽修一紙，曾約稍來，不知到否？若到時，即封付來力。枭司畫册，不得不應。恐畫成促裱，則無邊材。求兄先爲之地，不必宮綾，但淡月白絹即可耳。以彼人近多嫌怨，不便弟親囑也。　楓仁兄。　弟山。

第〇五〇—〇五四頁

廿六日，天生有信至，云初二日陳祺翁有賫捧之役，天生偕而之燕。廿七日午後，遣兒速往鴈門，遂不及約兄。筭來兒跨劣蹇，得五日方達，似不及見天生矣。天生行又有書，云「五月中旬，候仁兄至代，盡此襟期」，會當有一往耶！兒七八日即返，再聞。此書弟不甚喜讀，是以草草。价來，又一抄謄。有草字不辨者，弟爲補書之矣。志詩須兒來時報命。薏米瓜乾情至，謝謝！詩藁亦須眉還，求陳三哥真賸一過寄上。漢書檢得便寄來。此中一部脱數葉，欲抄補之耳。　楓仁兄。　弟山頓首。

亦大草率，不過理昔所閲者一過，無甚滋味。戰國策原無許多批語，且看得

第〇五五頁

一函勞使即送汾州，與小兒也。前所欲請堪輿張中宿者，適在省中，前意已致之矣。不遠當造。　楓老仁兄。　弟山頓首。

第〇五六—〇五七頁

皓氣亦皆霜，豈不成好句。一發金元時，不解爲誰負。
何奉富貴容，得入高寒筆。君子無不可，亦四素之一。
何必林和靖，幽情矜不期。盧溪人去已，寒韻寓瓊枝。
真正少而貴，知希亦何方？亦幸生此土，未極於濫觴。

第〇五八—〇五九頁

劉石老遣令孫引兩僕入粵西,須楓兄詣周別駕爾瞻一字。懇懇切切,欲得義力。吾兄一字到彼,爾老當不漫應也。若鑪老抵家時,可向楊義村再求一字亦好。若未歸,便不必矣。詳在劉大哥口致。弟心緒亂甚。石生、天生兩丈書並附覽,可知其情也。楓老仁兄。弟山頓首。

第〇六〇—〇六一頁

候兄久矣。弟在牧莊,亦宜有今日半日停。明早即入城,完送葬事。事畢,即移城北,尚復有三日留。不知尊寓何所,亦不能造訪。若生口便意,或能就弟一談於牧莊,何如?不然少遣一夜,明早于城中會面,或亦未遲也。草復。楓仲仁兄。弟山頓首。

第〇六二—〇六三頁

為兄作畫一幅,金箋寫詩十幅,前高麗大字四幅,粗能復約,今並付伻到記室。雲遊之傳安所得?此懷時時不忘,而俗務絡繹,不得了當。即有此舉,正須深秋潦落耳。此等事唯吾兄可與商,當別有請教。姻事向曾瀝諸侍老,少須刮劃,略可動轉,不時上聞吉期矣。即煩以此意告之令兄姻丈可也。弟為太史先生畫得陽泉圖四葉,並呈請教。看過即付之侍老。煩便中背紙一層,隨擬覓付紙四幅,欲做成册葉四板耳。另有字詒侍老,求轉致。伻至,右玄十哥適到寓中,不及專候,囑弟致聲,不盡。 弟山頓首。

第〇六四—〇六五頁

昨在陽城村,見平遙宋二殷云:「虎須一年長一莖。」近打一虎,數其須,則一百三十五莖,然則此虎仙矣。然與?否與?許惠虎須一莖挑牙也。「雖云常謝客」,起得自然。「太寂亦思人。」「月性閒階滿,秋聲半夜真。歌連鄉夢了,坐歷酒寒頻。」中四句自砌好語耳。「如此森森柏,微喧恕好賓。」收得也足。且莫說七言律難得周到,即五言律,八句中那得句句教人待看也。但是一氣寫來,連綿不斷者,便可喜,不必句句較矣。

第〇六六頁

杜詩越看越輕弄手眼不得,不同他小集,不經多多少少人評論者。若急圖成書,恐遺後悔,慎重為是。非顛倒數十百過不可,是以遲遲耳。曾妄以一時見解加之者,數日後又覺失言,往往如此。且從容何如?草復。 弟山頓首。

第〇六七頁

開春手足齊欲廢極，艱于步履，却又躁不能恬。初聞丈有出門之意，今似不果。若前論尚未止，弟當候杖履，略略于山水間散悶也。附白。山。

第〇六八頁

太史先生此番節目不小。吾兒千萬一往見。弟即道及，且留弟，令待兄至同集。弟將兄命，云寒疾稍可後當即來云云。康管回，專致此意。用過盤費，如數補還。康管面陳也。弟山頓首。

第〇六九頁

前字到。會有便，即力疾一往。不知其所誣爲何事。當事問之，即以不知對。及問之當事，亦不曾與知，而但細道吾兄生平問學自修之履。既承概諾，以文聲氣爲誼，即經其手，不論何事，力任排解矣。晤時奉告。局又如此，似多此一見，然或終有用之。似當于此後，以文爲贄而納交矣。弟山頓首。

第〇七〇頁

東南及中州云云，兄安所聞之乎？弟豪無所聞也。星變幾一月矣，此當不虛，但不知主何吉凶耳。李方容再報，還得細示所服藥是何藥物，服過幾劑了，又問近日之証何如，然後好復命也。弟山頓首。

第〇七一頁

畫兩塊，俱不足存也，況放入一册乎？並前畫俱付璧。王畫無一筆可觀者，不必强惜。小兒尚未歸，甚懸心。不謂遲遲至此。成薇侯送兒新曆八册，付到記室。卷子與畫，舍侄圖得去即報。山。

第〇七二頁

南砲遠來，孫兒樂不可言。許管來觀中，適展綾子命筆，明日當晤復也。弟山頓首。

第〇七三頁

風平浪静，不待今日而始知也。攖而後寧，學問故當益勝。杜解細一留覽。楓閣記尚未擅著也。再簡。 弟山白。

第〇七四—〇七五頁

親事承楓仲兄至愛，豈有他定？實以老親病才小有起色，而未能離牀蓐，故遲遲議之。貧僑諸事不便，亦復羞澀言此，須得先有一成説好遵行耳。煩侍老便中與楓兄商議妥，如何行禮，如何迎娶，的有規矩，先示僕知也。若他高門有問此親者，似當以寒家既聞楓兄之若謝之矣。真切，真切。不遠亦欲圖晤，再待老親康彊數日，當請教也。圖書留至兒處，令鐫報之。若別有言，正須再勞使命耳。右玄帖中所云琴事，不知何爲？或是是前所當于時官者乎？若爾，不妨通融，取此奇貨也。帖到時，適有玄信，亦復及此，始知之。山頓首。

第〇七六—〇七七頁

崑崙書到。弟以新慘，心緒不能即定，前後所寄來唐什，尚須遲數日報命也。居實大無聊，近逯身入州，階下聽比糧矣，可笑。皆二郎輸之使然，令人愛莫助之，奈何！奈何！附聞。 眘弟山頓首。

第〇七八—〇七九頁

足夢中句
除夜新開五色雲，飛仙欸乃玉樓聞。赤曇雯素衣霄漢，不是懷中迬錦文。
夢中採蓮曲
風來蓮衣批，搖舟向深處。飛來白鷺鷥，伴儂不肯去。

秋夜一燈涼，囧祠真道場。教兄趺病骨，聽弟轉金剛。佛事滿天性，文明對法王。寶蓮開鐵藕，兒夢亦非常。
老子知無用，眉兒自審才。一枝鐵藕上，千葉寶蓮開。自是心菡萏，全非意蘚苔。五千言面壁，只道閉關來。
祖翖大可惜，無端離崛㟢。未曾經女厄，儘好搭僧衣。破寺何不可，長松亦莫非。拖將罪尸去，流浪今焉歸？
咄咄箕陵夢，于今十八年。明夷丁此世，暗覺異前賢。茶苦甘三月，秋明净一天。朱衣成罪案，洪範却無篇。

第〇八〇頁

吾渾身忽腫脹，而腹中憋懣，行臥都帶喘促，爾似不能久淹汾矣，宜速計歸。若尚堪藥餌，亦須爾來收拾也。彼處有賤價人參，可圖此些，略備無聊之用。無亦不必。

第〇八一頁

昨舍侄來，道台兄與張中丈意。此君想斷不至于我輩便作大堪輿面孔也。可同舍侄一訪之。　楓仁兄。　弟山頓首。

第〇八二頁

綾絛至，尚無便意。墨磨就，當一塞責。手不利便，日拙一日，恐徒弄壞綾，不堪見人也。明日弟有入城意，且不敢勞至村也。若入城，當就晤耳。　弟山頓首。

第〇八三頁

元仲以貧不能出門，遂遲遲至今始得來省。欲至昭餘乞米，所望不奢，三頭兩石即足。恐其往返費事，專令其甥往募。想此檀那，亦不至蹙眉也。且留元仲在紅土溝刻一小碣散悶，甥來即返。十月內定來，在松僑成此韻事矣。　山再頓。

第〇八四頁

麟郎嘉禮，久擬薄賀展忱，備一粗紬，專走一力恭奉。弟于月初中外邪，睡五六日，汗而後起，今始能健步如常，遂致過期，失儀良甚。寓中又無可使，謹付來伻代賫。極知菲薄，聊為尊兄賞媒婆一具耳。不遣人而冒付盛使，真正草野粗疎。總之恃知，逕以兄使為我使，或當相亮耶！真切！真切！　弟山頓首。

第〇八五頁

鍾宿兄來，道兄弟區處艸堂，大好事。弟即欲往看其地，一為相之。且弟欲理前約，為嵩少之游。稱此老病未死，略結此案。求兄一腳力，度我臨時，並欲勞一得力使者幇之也。聞宿兄月盡將旋祁，弟欲同發。恐渠來遲，弟當先數日也。盤費欲以一二字畫賣而湊之，不知貴縣能有此迂人否？先此問之。元仲兄又動手，已刻得千餘字矣。三月八日嫁女，此月廿七八又東，正望相助也。元仲兄望預支一二。此甕裏捉鼈營生也。笑笑。　楓老

仁丈。 弟山頓首。

第〇八六頁

老人聽著寫字，生頭疼矣。勉彊寫後，兩眼角如火燒，少選，膠膏糊之，迥不能開一縫。其苦如此，非誑言也。即以字論，尚成半個字耶？有命即書，壞扇二柄，非弟過也。若有人非，請分任之。楓老仁丈侍史。 弟山頓首。

第〇八七頁

注疏非破數年工夫細讀，不得卒業。監版甚昏隱難看。此時書肆有茅版注疏一部，是弟向于汾州所讀之版，頗真黑，而紙亦白淨，價亦不大，十二兩則得之。弟曾與坊中人一言，欲取以對訂此本。此本多脫闕葉數也。附聞。弟山力疾草草。輺重繹絡口外，仍是故智。而從中州云云，詭聲耳。復葊詩有奇氣，再添之。餘二者即再刪去些，亦不妨也。圖晤不遠。山。

第〇八八頁

殤婦不敢辱禮，敬此代璧，稱謝不盡。遇此一事，當造百城之室，漱潤驪飲也。客次匆匆，求恕簡褻。致聲侍一，吉况當勝。 眷弟山頓首。

傅山致魏一鰲手札

第〇九〇—〇九一頁

切賢仲脉，六分病耳，喜未大數也。微察其意，以未得適理。養病亦須造適，而食息起居不時，監之以一嚴君，此中不無愛而不得其愛之法。或當別有機權于中，非我所敢知。餘圖晤盡。附候不一。 弟山頓首。

岑寂蕭寺，弟不能略爲主人，會須見亮旅人也。行篋中有點書朱錠，急須一二塊，可得否？不然，且須絕高銀硃亦可。想來此時官衙亦無此佳物耳。

第〇九二—〇九四頁

夫人方，懸處之，奉復，終屬猜度，多不中病。即合成，亦須商議，不必遽服也。古度所白事由封上，其意尚須與軍廳一稟。寫成留古度處，

待見時親投之，便容謁也。張童名頯，卷子急甚不就，但求冊中一名可耳。恃知冒昧，諒不為我。不遠，圖晤矣。昨匆匆，不多領教，又不能為主人良軫于中，統求真待。　弟山頓首。慎。

第〇九五—〇九七頁

臬司臨去時，曾道兩院大以才望于忻守，而堅辭不已，奈何！奈何！再一字遂令致意，云去不難也。弟尚不知取詰。果爾，則署者自有人去，遲不過數日耳。所命字詒軍廳，即當一敦也。爾楨家藏之廿一史，久已為戴二哥買去，孫大哥要此，似難復。再道省中尚有一部，弟當圖之。賣書人既甘心作蠹魚之食，價多不得廉耳。況孫大哥要此，而弟可不切切為圖，尚得以厚價為蠹魚作人情哉！有信便報。附候起居，不盡。　弟山頓首。

第〇九八—一〇〇頁

中弟陳嗣虞者，府上快手也。實州之民，今以府差走州，亦幾乎富貴之歸故鄉。百無他話，只是欲求臺下一看顧耳。若問如何看顧，他也不知，弟也不知，總以看顧為主耳。本自方外，而為此輩多羅曹丘，莫說高明掩口盧胡，即我蝶夢亦難栩栩安隱。犯戒招愆，莫此為甚。要知面軟之人，脂脂韋韋，不能引繩排根，是天地間沒正緊人也。然我自信，豈真天地間沒正緊人哉？生平所怕而不敢與納交之類，而且誶詬之，莫說人笑，即自己，笑之欲腸子斷矣。想來都是冤家，沒奈何！沒奈何！此人實能醫，能詩，能役于衙，而好學博聞，一能一絕，請相其面。晤時細道，不敢蔽其賢也。門新收西河紀綱，極能詩，便令此詩客與一倡和，亦一奇也。投筆噱不能下矣。　弟山頓首。慎。

第一〇一—一〇三頁

本擬旦暮即晤，而為臬司作一畫冊，不得即就。實欲借廉署為方丈息心數日，便尔多違惘悵，如何？前借重童生名字，承慨獎，書來時事已悞，還諸記室矣。不遠，與一石友欲衝寒入臺山碧山寺，可得果，當便道趨教。若尚多稽留，此行亦復不遂，又當別圖展款耳。尊恙太和，問之鄉舊，皆云神明四應，絕不似有病者。及見孟邑高生，則親炙春坐，益知鄉舊之言不虛也。忻州寒苦，然素多佳酒。此時衙商有留者，願為弟存之。弟本不飲，而此時為老親生日，人情始擬酬謝，頗需此。欲親教時，領一村力負兩罈，還不知能助瓦盆之興否？陳十哥以年終考察來省住幾月，亦擬那工奉謁，而必竟廣文亦是官，寫望二南矣。囑筆道意。　弟山頓首。慎。

第一〇四—一〇五頁

尊恙太和矣，藥無庸數數問之庸醫也。行趨謁展意尚復數日，遲遲耳。州治不足辱盤錯之才，況此中亦不當一盤錯之地手打腳踢，良無須

第一〇六—一〇九頁

弟爲候送臬司,而不得邀然即去,是以遲遲前約。兼之奔馳升斗盆盎,爲兒輩薄圖,皆以命窮不偕夫,亦愈知分矣。略得安點,即裹禮入琴幕,作避卑喧之計矣。小隱山林,大隱朝市,不小不大之間,選勝,無如大名宰官之書房耶。近以刑尊不在,有親友見託不以利起見,自不敢唐突。府尊格峻,極無夤緣之巧。族弟傅涵、古度郎張頴,皆荷鑪錘,得與府試矣。此關艱度,仍欲邀恩爲水源本末。若懷不肖以利起見,自不敢唐突。一族一親,無他染指,會當神炤一爲介紹,俾得與道試。即不宜逐作,稟于府,或商之軍廳,再有道台相善者,益穩。事且在旦暮發,能不見斥,即求賜命。古度事借重于軍衙,痛快無比。附聞。

弟山頓首。慎。

第一一〇—一一五頁

酒道人游戲宰官荆棘林中,亦可作胡旋之舞,何逕欲以小恙爲遁法脫去?不當盤錯,不見利器。前臬札大意已見,當有別答到記室。忻弊種種,極欲一晤,細道究竟。年裏不得至彼,舊游而守梓邦,已幾三月,不曾專一展候,真正疏略非情。今始令家弟策蹇一叩,正恐開歲半月中,復有不得出門蛛務,晉謁益遲耳。多所當告,皆不爲我,特以此土刁悍風著,不一妙振,受誤不淺。若得其竅,亦復易効。蓋剛勁是其地氣使然,而不甚狡詐陰柔也。即如小役郭連告郭虎剜補赤歷一事,極真極確,其中証佐實繁有人。但此等事不嚴刑不得,而愚頑之人便有以命抵死者。參伍摘發,那須門外人言此。一都是西鄉最劣最刁里分。若此事情,得餘都嘖舌,亦下車之一機關也。大概不便形諸紙筆,家弟能口悉之。況一州之人,皆知弟以方外疏狂,納交門下有年,而無知族人,豈不借口放肆?萬一有事琴堂,恐復急援自救,弟實不知,少不得有一副宰官面皮管待也。多中不勝親縷,正月後半可促卻詳聞矣。微州之積年里書之弊,不可勝數。即寒族二三無借,作弊于糧薄,欺弄省中族人,情理不可當,而弟奉先人敦睦之訓,咬牙奈之。若除弟外,則省中七門,幾與之同舟作敵矣。究其技倆,亦未敢施之于人,正弱肉同宗耳。然無他,窮急不知義禮之常。一二名字,亦欲告之門下,使無所緣。

火病之藥,無過平心。春肝用事,君愈易張,聽政之時,切忌暴怒。待弟至,再一切之,可斟酌一常服丸方,濟門下平和之用,萬無燥急加劇籌鐙草勒,一候興居,不盡。

弟山再頓首。慎。

第一一六—一一八頁

賢仲之戚,正擬遣家弟代申一奠,行另勒致誠。家弟適入城,先此言懷。所命輓章,不得卒辦,少需數日,定有報也。以連日陪居實悶步舊所經山林,匆匆如行腳僧,不能理此事,又不欲草草塞督故爾。家弟若復晉謁時,當口致之,不盡。愛弟一旦忽焉,仁兄何以爲情?願言加餐,用懶堂上雙白頭也。真切!真切!

弟山頓首。慎。

第一一九—一二一頁

衰病日浸，杜工部所謂「坐臥常多少行立」之時矣，那復能健步消散？即燈節之約，亦屬信口妄擬，殊無的意。人心之不可測，何必平定？只是自己尋一不惹人地步。古德桑下一宿即抽身，豈復慮桑能害人？正自勇于割舍，所以一瓶一鉢，形如飛鳥，便于動轉耳。況又有家累，況又作求田問舍活計，到處人睜着兩隻眼，扯開兩片没正經軟肉口脣，看着說人，不已而生心，那裏不尒？那裏不尒？聞榮行不無中惡，此何當復得華任？未免勞勞驅馳矣。山中人何由復再圖晤？若不時有問，亦足慰離。不知行期遠近，若尚遠耶，當復有字奉讀，爲胡子丹兄一致；；若即行，到彼見丹兄時，但口致此中可也。弟連日復受外侮，無法禦之，正在苦嬭中，復聞舊游佌離之信，益深悒悒。金剛經寫就久矣，囑裱未就，當留數日，當能取到手邊復約也。

友人書房草草，一候起居。不恭之甚，亮亮。家弟、小兒囑筆。 弟山頓首。慎。

第一二二—一二三頁

六月廿五之別，未忍刺刺，面墻無語，情不勝鳴，是有贈別小詩八句，起頭則曰：「皆違老母久，吾所不忍留。」當時亦遂不敢出諸口。別三日遂大漸，不食又八日，幾死復生，至七月廿二扶病出獄。至今茌苒沈彌，不能自支，不知當如何理。總是無恥丈夫，那堪自對，是有出獄口占之句，曰『有頭朝老母，無面對神州』也。兒眉因子丹入燕，便過令道近況，用慰懸心。餘且無言也。附候興居，不一。 弟山頓首。

第一二四—一二五頁

黃玉皆家弟來，擬同候興居，而義差互。省中房子事，如一會可借鼎，仍取信兒眉，輔家弟投刺即還，並不勞常格敦。耳目風聲，僕極能爲人以德，剗復柰辱，雲誼習比中久。真切！真切！前惠妙濟一憂丈夫處，此苟非頑皮癩臉，准能作王憲因也。統令息致意，不盡。 弟山頓首。慎。

第一二六頁

故人如此，令我失令人心脾受德，不可言說。多多少少衷曲，不知尚能得一面晤否？復之不既，弟事絕無消息，不知竟當何如。亦屬没奈何事，只得聽之而已。近來唯誦經外寫經。向來口業，並欲一概識悔，永不復作，何尚以此見問耶？間有小詩，亦非昔日口語，容錄得數章奉笑。蓮翁老兄台。 弟山頓首。

第一二七頁

昨聞命，草草作答，恐驪從畫村僑。諸凡村氣，開罪良多，特入城圖一晤。前命千萬，已云不敢勞矣。弟寓古度館，候久，虞報禁下，春遄歸，明早再領教也。不投謁，並不勞作，答拜常禮，但參謁匆煩，不知何時得閒。在僧寓，先此致款，不盡。

第一二八頁

來函即投臬閣，隨取回字，當別有郵函奉復。今以原答奉覽。附候起居。同人奉謁者，孟孝廉孫藎兄、昆玉、古度、張舍親、家弟止也。聞上司有酒，不能癡待，擬再來也。僧房片紙作報，不恭，恕，恕。弟山頓首。

途以紙束不便，恕。承願，且平心靜氣，馭此惡里，無大躁急，徒生心病。不惟上司不肯，即允所請，聞此解組之意，我輩多人亦所不樂。珍重，珍重。圖晤不遙。弟山頓首。

傅山書陳右玄秋詩（長卷）

第一三〇—一四三頁

傅青主草書陳右玄秋詩長卷　木公珍藏　戊午三月　張運

陳十右玄秋詩卅首

秋詩一東

禾黍意全空，撩人淅瀝風。泉林看不盡，玉露興何窮。多少清商韻，消沈感慨中。

秋客二冬

落葉月相逢，歸心觸幾重。飄飄憐桂子，寂寞看芙蓉。細雨遲疲馬，輕寒促懶慵。柳郎裁十字，高簡動王融。

秋閨三江

空淨度銀缸，寒娥上小牆。凄鴻偏是隻，怨蜨不成雙。錦字題紅葉，鳴琴撫玉牀。霜林搖酒斾，魂斷四鰓淞。

秋心四支

悄悄獨何思，空階落葉知。檀欒全不放，惝怳欲安之。未必將歸送，常如捧病施。裝衣渾不覺，有點竹湘江。

秋興五微

登臨趣莫違，坐看隴雲飛。酒熟攜紅樹，吟成傍罕微。濃桐陰欲瘦，老菊意纔揮。芭蕉抽小玉，卷定雨絲絲。

秋悲[一]六魚

空歎此居諸，頭霜已謝梳。誰能如賦宋，只是不虛徐。壯志潛丹壑，返心落素蕖。也羞長戚戚，禪喜未應除。

[一]「秋悲」，手稿作「愁悲」，當為筆誤。詩邪，讀如徐。

秋月 七虞
良夜不須幸，金波漏碧梧。儘携老子興，危坐小山隅。蕉葉明銀露，荷花起玉酥。鳥啼霜滿地，幽韻付芳蘆。

秋陰 八齊
極似愁心美，顰眉黛只低。尋雲花葉少，邀月桂烟迷。不作函山雨，專流畫閣凄。好風吹不醒，端得醉如泥。

秋寺 九佳
古刹傍丹崖，晨遊淨客懷。白雲低木榻，黃葉滿空階。采菊充朝茗，炊菘足晚齋。紅塵真不到，阿賴識如揩。

秋山 十灰
爽氣沁人來，遙戀黛欲裁。朝烟封遠麓，暮紫動新醅。苔蘚霜刪冗，鱗嶒氣不灰。爭高當得住，直截蔚藍開。

秋楓 十一真
香散赤龍鱗，西風攝攝呻。彤雲悲漢殿，紫雨湛江濱。豔不來鶯坐，駕常迂鴈賓。繁華期過矣，老眼借為春。

秋曉 十二文
畫角落蒼雯，山屏臥紫雲。高天鴻影暗，霜徑馬蹄紋。寂寂聲猶靜，茫茫色未分。宜人皆窈窕，寥寥一雁還。

秋花 十三元
休道不春繁，霜荚膡可餐。有榮都蕭肅，無豔亦能溫。豈屑同妖□，真堪擬德媛。棲鴉鶯始散，落葉亂紛紛。

秋雨 十四寒
瑟瑟助風寒，雲沈山作冠。無聲敲山遙，有淚上荷盤。丹樹添林淨，青苔破壁瘢。濛淞將作霰，一夜上高巒。

秋空 十五刪
悠悠不可攀，浩浩擴塵寰。曠蕩清還爽，高明淨且閑。如掀新縵幕，似拭舊江山。萬象此俱靜，寥寥一雁還。

秋霞 一先
孤鶩飛六過，瀟湘去路遙。澄江練借妍。尊翠琤珀影，簾外海掌天。花籜輕紅夢，蘭莖嬋絳箋。愁心隨鴈宕，只作赤城憐。

秋鴻 二蕭
無際碧天翻，瀟湘去路遙。晴空朝寫字，霜月夜吹簫。止水留清影，穿雲炯義瞭。平沙棲自穩，蘆荻放花招。

秋葉 三肴
颯颯下花梢，花神未忍拋。翻風隨蝶舞，剪錦挂樓巢。影落哀蟬曲，聲吞青女教。雲寰簪一片，紅玉宋工恐。五六句不以工見，妙不可即。六句尤慘淡不可讀。

秋露 四豪
金盤湛湛高，仙掌從官忉。帝子烏號墮，皇霄紫沆勞。如珠脫綵線，似淚溼征袍。一夜西風瘦，山林生玉毫。前四句奇壯別致。

秋江 五歌
飛鶩帶霞過，漁舟唱晚歌。月明澄玉鏡，風靜細可波。憤起懷鷗華，騷來憶汨羅。水天渾一色，可奈愁心何？

秋雲 六麻
真巧不須誇，天絲別樣華。如羅騰薄霧，似錦雜流霞。有怨飛低隴，無心出岫裹。長陰不作雨，管仲賞偏嘉。

秋風七陽　長詩送得幽香，紗窗覺曉涼。松濤龍影瘦，竹嶺鳳毛黃。澄水文章縐，歸鴻字跡忙。籬邊花正老，獨奈爾飄揚。

秋蟬八庚　哀咽爲誰鳴，從知羽化輕。擇木就高明。飲露堅寒節，臨風厲響清。兒童承自巧，仙意總無攖。

秋郊九青。通章如畫。　四望冷雲停，平原淡淡吟。繁花漸搖落，老樹見空亭。村巷尋常白，砧聲遠近青。寥寥空闊眼，鴈點在寒汀。

秋夜十蒸　天街淨色澄，上第列星膡。竹影搖風暗，桐陰昊月昇。芭蕉窗外雨，蟋蟀枕邊鐙。那不撩人意，凄心一片冰。

秋聲十一尤。可作謎讀。　擣素隔西樓，無端傍耳游。古琴彈對月，哀笛弄空洲。落葉原非響，寒蛩未甚啾。靜聽無是有，遠遠一鴻愁。

秋蛩十二侵　啾啾不自禁，徹夜苦爲吟。可供茅簷嗶，偏傳怨閣心。固窮諳飲露，幽恨解催砧。機杼床前軋，侵燈調玉琴。

秋塞十三覃　戍驀映寒潭，山城暗紫嵐。宵笳悲蕩婦，曉角壯征男。衰草連天北，愁雲一鴈南。封侯哆燕頷，試勁角弓探。

秋苔十四鹽　班班妝錦嶼，瑣瑣借蒼崦。不畏金風烈，寧知霜信嚴。湖岸雲葉墮，微雨又來添。

秋砧十五咸　何續滿山點，嬋娟絡石纖。小練展花函，班姬賦寫攕。翔鴻絪顧影，離鶴唳歸帆。連躍擔金釧，更投憶寶銜。聲中打書橐，不覺細諵諵。七八句齰殺詩人。

右玄從好苦吟，今六十又二三年矣，較昔老練。自別，頃寄此卅首。讀之，間得佳句。恃知，輒爲易三幾字，不過我見所及，謂即盡善，政自不爾，所賴不嫌指摘，用成善交也。其中徵句，如秋葉之「影落哀蟬曲，聲呑青女教」，砧之「聲中打書橐」，郊之「繁花漸搖落，老樹見空亭」，風之「歸鴻字跡忙」，江之「水天渾一色，可奈愁心何」，霞之「花箪輕紅夢」，山之「苔蘚霜刪冗，鱗增氣不灰」，心之「芭蕉抽小玉，卷定雨絲絲」，秋詩之「多少清商韻，消沈感慨中」，政會絕唱。若但秋不必此時之秋，若但詩、客、閩、心，此處云云，又不必秋，不知其人論其此，拈題不得，離題不得；徒邊不似，徒中不似；作者不覺，攬者非人，亦自不覺。覺覺之際，釘芥存焉。爲寫一過，點竄不避。　僑黃公佗山。

石鼓文校釋

第一四六—一五五頁

石鼓文

邈車既工，邈馬既同。邈車既好，邈馬既駐。君子員員，邈邈員斿。麀鹿速速，君子之求。○䢦弓玆，㠯寺邈敺。其孫其來，趩趩鏒。即邈即

時，麀鹿趚趚。歐其樸來射，其來囿既。趫其猈蜀。

「趫」，石本作「歔」。薛音我。「𢼸」，石本作□。郭云：「籀文攻字。」眉山蘇氏石鼓詩亦作「攻」。按車攻詩毛氏注：「攻，堅也。」同，齊也。

「好」，石本作「㺿」。鄭音寶，今作「㭝」。郭云：「恐是籀文騎字，北野良馬名。」

「員」，石本作「鼎」。說文：「鼏，益也。」「邋」，鄭通作「徽」字。「員」又音貟。「君子」，指從獵諸臣，員眾多而有禮儀也。「邋邋」，旌旗搖動

兒。「員斿」，當讀作「員斿」。說文「悠悠斾旌」。

「西」，石本作「𠧢」。郭云：「員斿，旂上贅旒。詩『悠悠斾旌』。

「以」字，諸家皆作「寺」。

「孫」，薛、鄭皆作「孫」字。施云：「以碑本攷之，字雖磨滅，髣髴是『時』字耶。」「趡」，石本作「趡」。趡，田亦反，說文「行聲也」，亦曰「不行

兒」。施云：「薛、鄭本皆有此字，碑磨滅不可辨。」「𡚽」，鄭云：「今作敬，同禁禦之禦。」

薛作「𧾷」，鄭作○。直雜文，並無重文。

「歔其」句在「其來」之下，又連二字于上。「邋」法云：「舊音我，疑非，與下『我』字不同。」「來」字更有其字，下無「射」字。「囿」，薛

「首」，鄭云：「囱，亦作逌，即直字。」施云：「王氏集諸家釋音，四字皆不著。」宿得於北方及葉氏本，下三字甚明。歧

城石刻亦載。

汧殹沔沔，烝叴淖淵。鰻鯉處之，君子漁之。潢潢又鯊，其斿趚趚。帛魚鱳鱳，其蘊氐鮮。黃帛其鯿，又鰿又鯽。其豆孔庶，䜌之䗊䗊。汪

汪趚趚，其魚佳可。佳鰅佳鯉，可以橐之。佳楊及柳。

王云：「汧，音牽，水名，出扶風汧縣，西北入渭。殹，即也，見詛楚文。汧，籀韻作泛音。」鄭云：「汧，讀

鄭本「滿」。「處」。「處」，鄭讀作「居」。蓋取叶韻。籀文「漁」从寸，今省作魚。

今作「斿」，下同。「趣」，鄭云：「滿滿，水之瀰茫處也。」「又」通作「有」，籀文省，下同，「鯊」，今作「鯊」，所加反。「斿」，

作綿，蓋用汧字平聲以叶韻。」「烝」，石本作「惡」。鄭云：「讀如蒸，進也。」詩「南有嘉魚，烝然罩罩」。鄭云：「烝，讀

「帛」，从帛从水，古文「泊」字，今省，水之淺處也，步各反，下同。鄭云：「籀文皮字，借作被音。」文曰「烝被淖淵」，與尚書「導菏澤，被孟豬」之「被」同義。郭音彼。「淖淵，水之深

眾也。」「𨾰」，石本作「𤫊」。王云：「籀文皮字，借作被音。」文曰「烝被淖淵」，與尚書「導菏澤，被孟豬」之「被」同義。郭音彼。「淖淵，水之深

處也。」

「鰻」，鄭音「鯤」。「處」，鄭讀作「居」。蓋取叶韻。籀文「漁」从寸，今省作魚。

鄭本「滿」。云：「即」「漫」。以「萬」通「曼」。「滿滿」，水之瀰茫處也。」「又」通作「有」，籀文省，下同，「鯊」，今作「鯊」，所加反。「斿」，

今作「斿」，下同。「趣」，鄭云：「滿滿，即蹴字，相千反。」

「帛」，从帛从水，古文「泊」字，今省，水之淺處也，步各反，下同。鄭云：「按說文，側余反，酼也。」「氏」，典禮反。按：「鱳」即「鱳」字，音歷。「的鱳」，白，言泊

中之魚，鱳鱳然潔白。登之于俎，甚鮮也。

「蘊」，鄭云：「讀同『俎豆』之『俎』。」施云：

「黃帛」，水濁而淺處。鄭云：「鰿，即鯁字，卑連反。」郭云：「按說文，鳻，即古卑字，从魚从卑，步佳反，魚名。」薛作「鯿」。「鯿」，鄭云：「今作魾，

音付。」郭云：「並呼反，今從專。」郭云：「膡，謂之胅，乞及反。」鄭作「豆」字。「䗊」，郭云：「䜌，今作脞，

「豆」，石本作「朔」。鄭云：「朔，今作脞，乞及反。」相如大人賦「休䗊」，奔走也。

「罡」也。「䗊」，舊注「田若反。」「皇」，舊注「田若反。」

田車既安。鑒○勒馬，○象既簡。左驂旛旛，右驂騑騑。邀以陰于原，邀戎陣止世陕。宮車其寫，秂弓時射。麋豕孔庶，麀鹿雉兔。其○又旟，其○兹囿。大○出各，亞○○○梁○執而勿射○庶趫。君子迺樂。

按詩注：「輶車，田獵驅逆之車，取其輕捷也。」「鑒」，郭云：「大么反，轡首銅也。」廣韻：「音條，紂頭銅飾。」「簡」，選也。詩「騮驪是驂」，注：「驂，兩驂也。車駕四馬，在內兩馬曰服，在外兩馬曰騑。」「騑」，音「非」，方圓反。旄旗總名旛。旛，取其輕舉兒。」「駩」，居言反。尔疋：「駩，馬黃脊。」或偃反，壯健兒。

「邀」，讀作「我」。「陘」，升也。「邊」，古「原」字。「陕」，鄭云：「下相承，不容有『陣止』二字于其間。」「兹囿」二字上下相承，不容有『陣止』二字于其間。」「官車」，輦車也。周禮：「輦車用于宮中。」「秂」，同「綉」。「綉弓」，戎弓也。穀梁傳「秂綉質」，示武中有文，言田狩之時，宮車寫，而不用戎弓，時施于射，方言「發稅舍車」也。」「舍」，音「寫」。史記：「秦每破諸侯，寫放其宮室。」讀如「卸」，言所獲多品。

「麀」，郭云：「今玟碑本，此闕，非有磨滅，『戎世』二字上下。」「邕」，鄭云：「今作陸。」薛作「陕」。「宦車」，輦車也。周禮：「輦車用于宮中。」

「又」，是作「有」。「亞」，石本作「丞」。鄭云：「疑即思字。」碧落碑作畢。」郭、鄭云：「今作攸，所也。」漢地里志「鄧水迺同」五行志「彝倫迺叙」，皆古「攸」字。

「梁」，薛作「陕」。鄭云：「汗簡作亞，古孝經作惡。」郭云：「今作奔，或作走。」「郎擊反，動也。」郭云：「即擊反，疾也。」薛作「真」字。鄭云：「即拜字，敕即舉字，並見義雲章。」諸本「冐」今作「宣」，上缺一字。施云：「梁」，「同輢」。「迺」，石本作「迺」。郭、鄭云：「今作攸，所也。」漢地里志「鄧水迺同」五行志「彝倫迺叙」，皆古「攸」字。

○○鑾車，舉敕真○。○弓孔碩，彤矢○○○。六馬其寫，六轡驚驚。辻騵孔庶，廓冐搏搏。岢車載衍，○徒如章，邊溼陰陽。赶赶六馬，射之狹迊。如虎罵麀，如○○○，多賢。迊禽○○，邀兔允異。

郭云：「人君乘車，四馬鑣，八鑾鈴，象鸞鳥聲，從鸞从金省。」按經史，或作「鸞」。左傳「錫鸞和鈴」、詩「八鸞瑲瑲」是也。「舉」，石本作「舉」。施云：「說文○骨反，疾也。」薛作「華」。鄭云：「即拜字，敕即舉字，並見義雲章。」

按詩「彤弓彤矢，天子以錫有功諸侯」文侯之命及左傳甯武子所言「彤弓一、彤矢百」是也。毛氏注：「彤弓，朱弓也。」孔氏以「彤弓」爲周禮之「唐弓」。「碩」，大也。詩「碩人」「碩寶也。」

「鷲」，鄭云：「五到反，讀若遇。」諸家本並作「鷲」上缺一字，無重文。

「辻」，諸家本皆作「徒」。薛作「廊」。鄭云：「亦作鄺，或云即廓字。」

云：「宿本並無重文。」

「岢」，鄭云：「即酋字。」詩所謂「輶車鸞鑣」，田狩之車也。」「載」，石本作「載」。「衍」，今作「道」字。「溼」，鄭云：「今作濕，通作隰。」

「鷲」，徒從整布，如文章然。詩「相其陰陽，度其陰邊」。

鄭云：「赶即趣字，七走反。」詩「蹎維趣馬」。郭云：「狹，與李商隱『族』字相近，疑即『族』字，借作從也。」「狹，籀文族，古作筈，小異。」鄭云：「狹，籀文洋字。」鄭云：「音汗，今作瀚。」「趙」，鄭云「博」，或云即「遘」字。

『鏐』耳」。「迀」，今作「徐」。「六馬」，天子所駕也。趣趣然調和閑習，射則矢鏃之發，舒徐不迫，言皆合禮，有一發五豝之意。「鹿」，諸本皆作「鹿」。「罝」，猶「禽」，謂搏取之也。四方有不順王命者，禽芟而獸獼之，如虎搏鹿，不勞餘力。上章有「弓矢之錫」，得專征伐。

「迪」，石本作「紹」。鄭云：「今作狗。」「兔」，薛作「鹿」，鄭作「兔」。施云：「碑磨滅，不可辨。」

○○凄凄，靁雨○淒。迄湧盅溹溹，君子即涉。洴水流泛。馬○淒洴殷，洎洎淒淒。○○舫舟，西邉○○。自廊，迀駥湯湯。佳舟以衍，或陰或陽。極溰目戶，○于水一方。勿○○止，其奔其敔。

「凄」，亦作「淒」。大田詩「有淒妻妻」，毛注：「妻妻，雲行兒。」施本「靁」上有「天」字。鄭云：「靁，亦零。」東山詩「零雨其濛」，又衛詩「靈雨既零」，毛注：「靈，善也。」「淒」，薛、郭作「淒」。「淒」，鄭作「流」。

「盅」，石本作「盈」。薛同，作盈，止遙反。「溹」，鄭云：「今作溹，私列反。」「溹」，鄭云：「今作滋。」「涉」，石本作□。

「即涉，見義雲章。」

「洴殷」，見前，言「君子乘馬，涉水而歸。洴水流泛，不可以涉。」

「舫」，符望反，兩舟並也。「西」，石本作「囟」，薛作「㥎」，鄭作「西」。云見尹彝。或作「由」。「逼」，鄭云即「歸」，或作「逺」。

「廊」，薛、郭作「廓」。「湯」，音「傷」，衆多兒。前言「乘馬以涉，水涊不可」，次言「並舟而逼」。

「极」，薛作「枝」。鄭云：「薛、鄭本呂下有戶，碑本磨滅不可辨。」「于水一方」，足上陰陽意也。

鄭云：「敔，今作禦。」施云：「吏，古文事。」

獸乍遑乍，衛端我嗣。除帥奴陃，莩爲世里。微㣲迨囨，槀柞棫其。檰栯庸庸，鳴亞箸其。霃爲所㫃，彛籃衛旨。樹㑹孫。

箙文「乍」與「作」通。「迨」，石本作「蓋」。薛郭作○，鄭作「迨」。

「奴」，被「陃」音序，郭作「阪」。「莩」，薛作「蘚」，音莠。郭云：「恐是莾。莾、乢之相糾者。」鄭本作「萆」，今省文作「草」。

執是。「卋」，石本「卋」。「迪」，薛作「迺」，郭作「辿」。文曰「爲三十也」，以三十爲「卋」，書家謂之會意，佛書謂之合字，書「卉」，蕪合反，非「卋」字也。

「㣲」，薛作「徹」。鄭云：「未詳音義。」「囨」，薛、郭作「閎」亦作「閎」。「槀」，薛作「栗」，説文作「栗」。

「檰」，鄭作「槃」。鄭云：「讀作皓，方老反。」「栯」，薛作「栯」。「庸」，薛作「庸」。鄭云：「未詳音義。」或云「遒」字。諸本無重文「庸」，石本作「䂮」。薛作「華」。鄭云：「疑即倉字，音響。」

「箸」，石本作「𤮈」。薛、郭作箙文「若」字。

「㪭」，薛作「琴」，鄭作「琴」。薛作「琴」。施云：「碑本雖磨滅，上從『五』字尚可辨，非從『今』也」。又，薛、鄭本下有「孫」字，今碑本無此字。

而師，弓矢孔庶。左驂滔滔，是戎不具。奪後具肝，來其寫矢。具來樂，天子來嗣。王始古我來。

據文理，「而」字上當有缺文。施云：「鄭本『師』字下有『弓矢孔』三字，『左』字下有『驂』字。」「不具奪」，施云：「薛本有磄字，缺音。下同。」「不具奪」，施云：「薛本有磄字，缺音。碑本磨滅不可辨。」

「戠」，薛、鄭本皆缺而不音。施云：「按説文，熾字與此類。」

「肝」，石本作「𩰓」。薛作「肝」，音「呼」。「矢」，石本作「災」。施云：「恐是小大二字。鍾鼎欵識多此類。」薛作「尖」，鄭作「矢」。施云：「鄭

本『子』下有『來』字。」

叔走騎騎，馬䮾。誓若微雄，立其一之。「騎」，鄭音「剑」。「䮾」，鄭音「薦」。「若」，石本作○，薛作「奔」。鄭云：「即若字。古諾字从此。」「微」，石本作□。施云：「敚，說文與微同。薛作放音，非也。」施、宿二本「一」下皆有「止」字，按此本作「之」字。

遨水衛，既平既止。喜尌鄗里，天子永盌。日隹丙申，○○遨其。用衛馬既，申款肅肅。駕左驂，騧騧騧扯。女不轙霧，公謂天余。及如周，不余及。

按文，「導」上缺一字。「喜」，石本作○。鄭云：「即喜字。」薛作「嘉」。說文「喜」字如此寫。「鄗」，籀文。「盌」同「寧」。大義言：「水既疏導，民可樹蓺，地可井則。天子之心，爲之安寧。」「喜樹」二字，未必連屬。施云：「宿本丙申下二字尚可辨。更俟攷之。」「申」，重也。「敚」，戒也。「肅肅」，施本作「康康」。「鼎」，籀文「則」字。「駕」，石本作「駱」。郭、鄭音「駕」。薛、鄭本並作「扯」字。郭云：「五到反，馬怒皃也。」「騧」，諸本無重文。鄭音「遫」。「扯」，石本作「敨」。施云：「說文識字與此相類。」薛、郭、鄭云：「子一反，摘也。」施云：「疑即撻字，皆摹本誤也。」「女」，通作「汝」。郭云：「籀文翰从飛。」「霧」，薛作「霜」。郭云：「恐是籀文霾字。」鄭音同。「即○○。」「周」，石本作 。 施云：「說文害字。」鄭云：「周。今省作周。」

吳人慈啞，朝夕敬○。載卤載北，勿奄勿伏。申而出○，○獻○○。○○大祝○○，埶盌逢申。孔圉○，麀鹿虞虞。遨○其，麀鹿齻天。○○○，○○求又。○○○○是○○○○○○○。

王云：「吳，通作虞。」鄭序曰：「吳人曰享社也。享社必狩以獻鮮焉。汧水出于吳山，故漁于汧而狩于吳也。」施云：「其說恐未然。」亦作「憐」。鄭云：「啞，即吡字。吳山即吳岳也。」漢地里志：「右扶風汧縣，注：吳山在西。古文以爲汧山，汧水出，西北入渭。」「翰」，石本作○，薛作「敨」字。鄭云：「即朝字。」「載」，石本作「甄」。「卤」即「西」。鄭云：「見魯彝。」「奄」，石本作○。鄭云：「見盂和鍾。通作「俺」。」「伏」，石本作○，薛作「戉」。鄭云：「今作亭。」「埶」，薛作「執」，云「執與藝同」。「盌」，鄭云「即」「䛒」字，或云即「畢」字。碑已磨滅。薛音之。「獻」，薛作「獻」，鄭作「狩」。「韋」，薛作「高」。按碧落碑，「高」字同此。鄭云：「亦作社，即社字。」籀文「囤」作「圉」。「驪」，鄭云：「即瞳字，見邿敢庂敨。」